《高速铁路线路维修规则》主要修订条文解读

《高速铁路线路维修规则》编写组　编

中国铁道出版社有限公司

2024年·北 京

内容简介

本书将《高速铁路无砟轨道线路维修规则(试行)》《高速铁路有砟轨道线路维修规则(试行)》和《高速铁路线路维修规则》以表格对照的形式呈现,删除及新增的主要条文分别使用删除线和蓝色字体标识,对变动理由进行了详细说明,方便职工对新规章的学习、理解和掌握,以达到贯标的目的。

本书可作为铁路职工学习《高速铁路线路维修规则》的参考资料和专题培训、宣贯的教材,适用于铁路相关管理人员和一线职工。

图书在版编目(CIP)数据

《高速铁路线路维修规则》主要修订条文解读/《高速铁路线路维修规则》编写组编.—北京:中国铁道出版社有限公司,2024.2

ISBN 978-7-113-31022-6

Ⅰ.①高… Ⅱ.①高… Ⅲ.①高速铁路-铁路线路-维修-规则-中国 Ⅳ.①U216.42-65

中国国家版本馆 CIP 数据核字(2024)第 020450 号

书　　名:《高速铁路线路维修规则》主要修订条文解读
作　　者:《高速铁路线路维修规则》编写组

责任编辑:赵昱萌　　**编辑部电话:**(010)51873626
封面设计:高博越
责任校对:苗　丹
责任印制:樊启鹏

出版发行:中国铁道出版社有限公司(100054,北京市西城区右安门西街 8 号)
网　　址:http://www.tdpress.com
印　　刷:三河市国英印务有限公司
版　　次:2024 年 2 月第 1 版　2024 年 2 月第 1 次印刷
开　　本:787 mm×1 092 mm 1/16　**印张:**9.75　**字数:**149 千
书　　号:ISBN 978-7-113-31022-6
定　　价:60.00 元

前言

中国国家铁路集团有限公司工电部组织制定的《高速铁路线路维修规则》(铁工电〔2023〕106 号)已于 2023 年 10 月 1 日起施行。新规则秉承“严检慎修”高速铁路线路维修理念,认真总结高速铁路运营十余年的线路维护经验,充分吸收高速铁路线路维护领域取得的丰硕研究成果,高度重视轮轨关系,突出高速铁路线路维修特点,全面完善了维修策略、手段、标准,为不断提高线路维修的科学性、经济性,保障高速铁路线路高可靠性、高稳定性、高平顺性提供了坚实的技术支撑。

为做好《高速铁路线路维修规则》的学习培训和实施工作,准确把握规则内涵,确保规则贯彻实施到位,编写了《〈高速铁路线路维修规则〉主要修订条文解读》。本书将新老版本规则以表格对照的形式呈现,删除及新增的主要条文分别使用删除线和颜色标识,并对变动理由进行了详细说明,便于大家学习。原条文主要为《高速铁路无砟轨道线路维修规则(试行)》条款,《高速铁路有砟轨道线路维修规则(试行)》条款与之不同时,分别/单独列出,条款末尾用“(★)”标识。限于篇幅,部分条文及附录仅列出重点变动。

本书主要审定人员:曾宪海、杨厚昌。

本书主要编写人员:吴细水、李育宏、吕关仁、江成、刘丙强、姜子清、张晓阳、张银花、郭战伟、杨桉、罗国伟、徐其瑞、支洋、田常海、蒋金洲、杨飞、高东海、刘兴平、戚志刚、李晓光、黄传岳、寇东华、刘毅、易忠来、尤瑞林、刘浩。

因编写时间仓促,书中不妥之处敬请指正。

编　者

2023 年 11 月

目录

总　　则

原条文	修改后条文	变动情况、理由
第 1.0.3 条 线路维修应按照“预防为主、防治结合、严检慎修”的原则，根据线路状态~~的~~变化规律，合理安排~~养护与~~维修，做到~~精确~~检测、全面分析、精细修理，~~以有效预防和整治病害。~~	**第 1.0.3 条** 线路维修应按照“预防为主、防治结合、严检慎修”的原则，根据线路状态变化规律，按周期进行检查，合理安排维修，做到综合检测、全面分析、精准修理，保持轨道结构、轨道几何尺寸及轮轨匹配状态良好和线路质量均衡。	规定了线路维修应按照“预防为主、防治结合、严检慎修”的原则，实行周期检、状态修、精准修，保持轨道结构、轨道几何尺寸及轮轨匹配状态良好和线路质量均衡。
第 1.0.4 条 线路维修~~应~~实行检、修分开~~的管理~~制度~~，实行专业化和属地化管理~~。应本着“资源综合、专业强化、~~集中管理~~”~~和“精干、高效”~~的原则~~建立高速铁路线路维修管理机构。~~	**第 1.0.4 条** 线路维修实行检、修分开制度。铁路局集团公司应本着“资源综合、专业强化、管理集中”的原则，创新高速铁路基础设施运营维护管理模式，积极推行工电供综合维修生产一体化改革，逐步实现一体化管理、集中化组织和专业化维修，不断优化劳动组织，提高维修资源利用率、劳动生产效率和安全保障水平。	强调了要创新高速铁路基础设施运营维护管理模式，积极推行工电供综合维修生产一体化改革，不断提高维修资源利用率、劳动生产效率和安全保障水平。
第 1.0.5 条 应严格实行天窗修制度。天窗时间应固定，一般不得少于 240 min。 **第 4.1.4 条** ~~对道岔、调节器、大跨度桥梁、过渡段和沉降等重点地段的线路设备，应在昼间进行巡视，每年应不少于一遍。~~	**第 1.0.5 条** 应严格实行天窗修制度。天窗时间应固定，一般不得少于 240 min，有条件时可适当延长。在维修天窗的基础上，铁路局集团公司可根据列车开行情况，临时安排昼间天窗，用于重点设备检查。	明确了有条件时可适当延长天窗时间，以及临时安排昼间天窗用于重点设备检查。

原条文	修改后条文	变动情况、理由
第1.0.8条 应积极采用新技术、新设备、新材料、新工艺和先进的施工作业方法，优化作业组织，提高线路检修质量。	**第1.0.6条** 积极推行综合检测技术，采用新技术、新设备、新材料、新工艺工法，提高线路检测和维修质量。铁路局集团公司应充分利用电务、供电专业检测监测数据，辅助评判线路设备状态。	新增了铁路局集团公司应充分利用电务、供电专业检测监测数据，用于辅助评判线路设备状态的要求。
第1.0.6条 应做好精密测量控制网(以下简称精测网)的管理，保证运营维护测量有稳定可靠的测量基准，并利用精测资料指导线路维修。		在总则中删除，在第八章“精密测量控制网”中规定。
第1.0.7条 应加强曲线(含竖曲线)、道岔(含调节器)、焊缝、无砟轨道结构及过渡段的检查和养护维修，加强轨道长波不平顺的检查和管理，保证线路质量均衡、稳定。		将该条移至第五章第一节“一般要求”，使内容更为协调。
第1.0.9条 积极推行信息化技术，建立维修管理信息系统，逐步实现信息化管理。	**第1.0.7条** 积极推行信息化技术，加强信息化管理，完善线路维修管理信息系统，推动信息共享。积极利用大数据对线路设备状态进行智能分析，加快推进线路运营维护智能化。	强调要积极推行信息化技术，加强现代信息技术与高速铁路线路运营维护管理的融合，加快推进线路运营维护智能化。

原条文	修改后条文	变动情况、理由
	第 1.0.8 条 依据中国国家铁路集团有限公司（以下简称国铁集团）相关规定，铁路局集团公司与铁路公司签订的委托运输管理协议应明确线路维修相关内容，铁路公司作为线路设备资产所有者，应保证设备安全、检测、维护和管理等费用的及时投入，以满足设备维护需要；铁路局集团公司负责受托范围内高速铁路线路设备的安全、维护和管理，保持线路设备状态良好，使之符合相关技术标准。	明确了铁路公司与铁路局集团公司管理职责，以便于相互之间工作的联系与协调和各尽其责，以保证线路及时维修和维修费用投入到位。
~~**第 1.0.10 条** 应按规定为线路维修提供生产、生活所需的设施和设备。~~		在总则中删除，在第九章和附录中作出详细规定。
~~**第 1.0.11 条** 应设置作业车辆停留线，以满足线路修理作业要求。~~		
第 1.0.12 条 ~~按《新建时速 200～250 公里客运专线铁路设计暂行规定》（铁建设〔2005〕140 号）和《新建时速 300～350 公里客运专线铁路设计暂行规定》（铁建设〔2007〕47 号）~~建成的~~无砟轨道线路~~，其相关技术参数可按原设计~~标准~~保留。	**第 1.0.9 条** 已建成的铁路，其相关线路技术参数可按原设计保留。对于城际铁路，本规则有规定的按本规则执行，本规则未作规定的按《城际铁路设计规范》（TB 10623）执行。	不同时期设计规范版本较多，不一一列举，改为概括性描述。同时明确了对于城际铁路，本规则有规定的按本则执行，本规则未作规定的按《城际铁路设计规范》（TB 10623）执行。第三章第一、二节中，线路平纵断面中城际铁路的技术参数不再一一列出。

原条文	修改后条文	变动情况、理由
第 1.0.13 条 本规则适用于~~允许速度 200～350 km/h 铁路 CRTS Ⅰ 型板式、CRTS Ⅱ 型板式、双块式以及道岔区轨枕埋入式和板式无砟轨道线路维修，CRTS Ⅲ 型板式无砟轨道线路维修可参照本规则执行。采用新型线路设备时，其维修办法应经铁道部批准。~~本规则未涉及的内容按相关规定执行。	**第 1.0.10 条** 本规则适用于 200 km/h 及以上的铁路和 200 km/h 以下仅运行动车组列车的铁路线路维修。200 km/h 以下线路维修的技术标准除本规则有明确规定的以外，按《普速铁路线路修理规则》相应速度等级的技术标准执行。本规则未涉及的内容按相关规定执行。	本规则适用范围与《铁路技术管理规程（高速铁路部分）》协调一致。为突出本规则高速铁路线路维修特点，规定 200 km/h 以下线路维修的技术标准除本规则有明确规定的以外，按《普速铁路线路修理规则》相应速度等级的技术标准执行。
第 1.0.14 条 本规则适用于~~允许速度 200～300 km/h 有砟轨道线路维修（既有线提速线路除外）。京哈线秦沈段、胶济客运专线比照本规则执行。采用新型线路设备时，其维修办法应经铁道部批准。~~本规则未涉及的内容按相关规定执行。（★）		

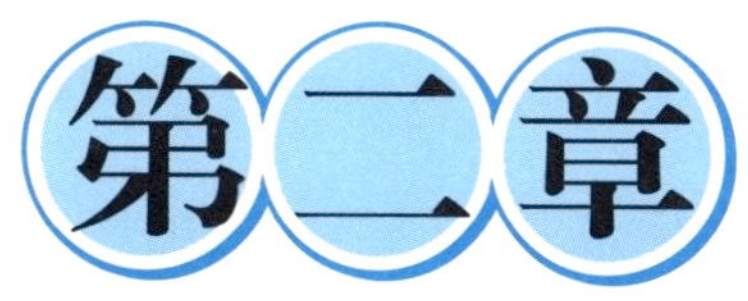

线路设备维修工作内容及计划

原条文	修改后条文	变动情况、理由
第2.1.1条　线路维修工作分为周期检修、经常保养和临时补修。 一、周期检修指根据线路及其各部件的变化规律和特点，对钢轨、道岔、扣件、道床、无缝线路及轨道几何形位等按相应周期进行的全面检查和修理，以恢复线路完好技术状态。铁路局可根据线路设备状态、线路条件、运输条件和自然条件等具体情况调整维修周期，并报铁道部核备。 二、经常保养指根据动、静态检测结果及线路状态变化情况，对线路设备进行的经常性修理，以保持线路质量经常处于均衡状态。 三、临时补修指对轨道几何尺寸超过临时补修容许偏差管理值或轨道设备伤损状态影响其正常使用的处所进行临时性修理，以保证行车安全和舒适。	**第2.1.1条**　线路维修工作分为计划维修和临时补修。 一、计划维修指根据线路及其部件的变化规律、特点以及轮轨匹配状态，按周期对线路设备进行的全面检查，依据设备状态评价结果，对钢轨、道岔、钢轨伸缩调节器（以下简称调节器）、扣件、轨枕、道床、无缝线路及轨道几何形位等进行单项或多项修理，以恢复线路完好技术状态。 二、临时补修指对轨道几何不平顺超过临时补修容许偏差管理值、轨道设备伤损或轮轨匹配状态不良的钢轨等影响其正常使用的处所进行的临时性修理，以保证行车安全和平稳。	根据线路维修实际，修改了线路维修工作分类，将原来的线路维修工作分类周期检修、经常保养和临时补修修改为现在的计划维修和临时补修，与《普速铁路线路修理规则》规定相同。此外，强调了高速铁路轮轨关系的重要性。
第2.2.1条　周期检修基本内容。 一、线路设备质量动态检查。 二、轨道几何尺寸和扣件螺栓扭矩静态检查。 三、钢轨探伤。	**第2.2.1条**　计划维修主要内容。 一、按周期进行线路动态质量、轨道静态几何尺寸、轨道结构、钢轨外观及表面伤损检查，钢轨探伤以及无缝线路钢轨位移、调节器伸缩量及状态观测和分析等。	将原来的周期检修、经常保养基本内容修改为现在的计划维修主要内容。增加了桥上护轨整修、轨旁设备检查和维护等内容。

原条文	修改后条文	变动情况、理由
四、~~采用打磨列车对~~钢轨~~进行~~预打磨、预防性打磨和修理性打磨。 ~~五、联结零件成段涂油、复拧。~~ 六、~~根据刚度变化情况，成段~~更换弹性垫板。 ~~七、有计划地对无砟道床进行检查及修补。~~ 八、无缝线路钢轨位移、钢轨伸缩调节器（以下简称调节器）伸缩量的周期观测和分析。 九、~~对沉降量较大~~地段的轨道状态进行~~周期~~观测和分析。 十、精测网检查~~、复测~~。	二、线路平纵断面测设和优化，无砟轨道精调，有砟轨道全面起道、拨道、改道、捣固和稳定，轨道几何形位调整。 三、钢轨预打磨、预防性打磨和修理性打磨。 四、钢轨、道岔及调节器等轨道部件整修。 五、桥上护轨整修。 六、焊接接头、胶接绝缘接头整修。 七、无缝线路应力调整或放散。 八、扣件维修，包括扣件整正、弹性垫板及其他伤损部件更换、紧松补缺、除锈涂油、螺旋道钉改锚、预埋套管更换等。 九、轨枕更换、方正和修理。 十、无砟道床伤损修补。 十一、道床翻浆冒泥整治，枕盒和边坡不洁道床清筛，道砟补充，道床整理。 十二、排水疏通，道床杂草清除。 十三、精测网控制点的检查和维护。 十四、线路标志和标识修理、补充和油刷。 十五、线下基础变形地段的轨道状态观测、分析和整治。 十六、根据季节特点对线路进行重点检查。	
第2.2.2条 ~~经常保养基本内容。~~ ~~一、对轨道质量指数(TQI)超过管理值的区段或轨道几何尺寸超过经常保养容许偏差管理值的处所进行整修。~~ ~~二、根据钢轨表面伤损、光带及线路动态检测情况，对钢轨进行修理。~~ ~~三、整修焊缝。~~ 四、整修~~伤损扣件、~~道岔及调节器等轨道部件。 五、无缝线路应力调整或放散。 六、修补~~达到Ⅱ级及以上~~伤损的无砟道床。		

原条文	修改后条文	变动情况、理由
七、疏通排水。 八、精测网维护。 九、沉降地段轨道状态观测和分析。 十、修理、补充和刷新标志、标识。 十一、根据季节特点对线路进行重点检查。 十二、其他需要经常保养的工作。	十七、轨旁设备检查和维护。 十八、其他需要计划维修的工作。	
第2.2.3条　临时补修主要内容。 一、及时整修轨道几何尺寸超过临时补修容许偏差管理值的处所。 二、处理伤损钢轨(含焊缝)和失效胶接绝缘接头。 三、更换伤损的道岔护轨螺栓、可动心轨咽喉和叉后间隔铁螺栓、长心轨与短心轨联结螺栓等。 四、更换伤损失效的扣件、道岔及调节器等轨道部件。 五、更换或整治失效无砟道床。 六、处理线路故障。 七、其他需要临时补修的工作。	**第2.2.2条**　临时补修主要内容。 一、轨道几何不平顺超过临时补修容许偏差管理值处所的整修。 二、折断、重伤钢轨及焊接接头更换或处理。 三、不良胶接绝缘接头处理。 四、折断道岔护轨螺栓、可动心轨咽喉和叉后间隔铁螺栓、长心轨与短心轨联结螺栓等更换。 五、失效或伤损扣件、道岔及调节器等轨道部件更换。 六、引起动车组异常振动等轮轨匹配状态不良的钢轨处理。 七、损坏的无砟道床整治或更换。 八、冻害整治。 九、线路故障处理。 十、其他需要临时补修的工作。	根据运营实际,增加了引起动车组异常振动等轮轨匹配状态不良的钢轨处理,以及冻害整治等内容。

原条文	修改后条文	变动情况、理由
	第2.3.1条 铁路局集团公司应设立高速铁路线路维修管理机构,明确相应职责,建立健全相关管理制度。 工务段(含桥工段、工电段、综合段等,下同)或高铁基础设施段(以下简称基础设施段)负责高速铁路线路的维修管理,既有负责高速铁路线路维修管理的工务段可根据具体情况逐步整合为基础设施段,新成立的应为工电供一体化管理的基础设施段。	体现了高速铁路工务段和基础设施段两种维修管理模式。 根据国铁集团关于深化高速铁路综合维修生产一体化站段改革相关文件,增加了高速铁路基础设施段设置和综合维修生产一体化管理相关要求;对既有工务段,按照"七统一、一联合"要求实行车间层级综合维修生产一体化管理。此外,还明确了工务段、基础设施段的管辖范围。
	第2.3.2条 工务段下设线路车间,由其负责管理的高速铁路线路按"统一组织架构、统一天窗安排、统一生产计划、统一作业组织、统一应急处置、统一防护管理、统一生产平台、实施联合调度"要求实行车间层级综合维修生产一体化管理。 基础设施段应按"技术+生产"模式设立工务维修技术中心和生产调度监控中心,工务维修技术中心根据维修工作量、专业技术人员力量合理设置相关专修队,由段直接组织规模化、专业化修理。规模较大、生产性质较强的专修队,可按车间管理。基础设施段沿线设置综合维修车间,其主要职责为组织属地线路检查、维修及应急处置等。 兼管高速铁路与普速铁路的工务段、基础	

原条文	修改后条文	变动情况、理由
	设施段，高速铁路与普速铁路车间应分别设置。动车段(所)、大型枢纽所在地的车间由铁路局集团公司根据实际情况设置。	
	第 2.3.3 条 工务段、基础设施段管辖营业里程：无砟轨道为主的不大于 1 200 km、有砟轨道为主的不大于 1 000 km 为宜，山区、高原、严寒、枢纽地区以及含有普速线路时可适当缩减，管辖跨度应适中，以便快速应急处置。	
第 2.3.2 条 线路车间管辖线路长度以营业里程~~200～300 km 左右~~为宜，线路车间下设工区~~，工区间距平原地区一般为 100 km 左右~~。站间距较小的城际铁路、山区、高原和严寒地区的~~车间和~~工区管辖线路长度可适当缩短。动车段(所)应单独设置~~线路车间或工区~~。	**第 2.3.4 条** 线路车间和综合维修车间管辖营业里程：无砟轨道 150～200 km、有砟轨道 100 km 左右为宜。	根据国铁集团深化高速铁路综合维修生产一体化站段改革相关文件，修改了车间、工区管辖营业里程。
第 2.3.2 条 线路车间管辖线路长度以营业里程 100 km 左右为宜，线路车间下设~~线路工区~~，工区应在车站设置，线路工区管辖线路长度以营业里程 30 km ~~左右为宜~~。站间距较小的城际铁路、山区、高原及严寒地区~~车间和~~工区管辖线路长度可适当缩短。~~在动车段(所)应单独设置线路车间或工区。根据需要可设置其他车间和工区。~~(★)	**第 2.3.5 条** 线路车间下设检查工区和维修工区；综合维修车间宜下设综合维修工区，并根据专业特性和工作量合理配置专业维修力量。工区应在车站设置。维修工区、综合维修工区管辖营业里程：平原地区无砟轨道不宜小于 60 km，有砟轨道不宜小于30 km，站间距较小的城际铁路和山区、高原、严寒、枢纽地区可适当缩短，动车段(所)宜单独设置。	

原条文	修改后条文	变动情况、理由
	第 2.3.6 条 线路维修由车间组织生产，应不断提高车间生产组织、安全控制和技术管理水平。	强调线路维修由车间组织生产，并要求不断提高车间的三方面水平。
	第 2.5.1 条 应加快完善国铁集团、铁路局集团公司统建信息系统，完善段、车间、班组网络通道，按要求配置硬件和网络资源，确保信息系统运行环境要求。加强系统运用考核和应用培训，提高工务信息化应用水平。落实网络安全职责，确保工务信息系统运用安全。	本节为新增。 强调要积极推广应用现代信息技术，以掌握设备变化规律，科学指导设备维修，实现对线路设备维护的动态闭环管理，合理控制设备维修成本，推进线路设备全寿命周期信息化管理。
	第 2.5.2 条 建立检测监测数据归集、分析与运用体系，结合工程建设 BIM，积极应用大数据、物联网、互联网、人工智能、云计算等信息技术，推进线路设备全寿命周期管理。科学分析设备状态变化规律，以合理指导设备维修，控制维修成本。	
	第 2.5.3 条 不断提高安全生产管理信息系统运用管理水平，强化作业关键环节控制，实现对线路设备状态、生产计划和作业过程的动态闭环管理，不断提高工务管理水平。	

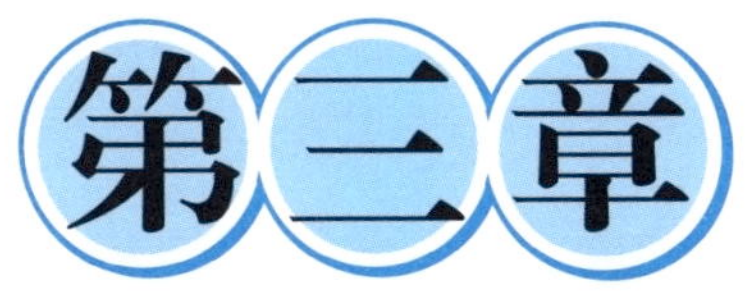

第三章

线路设备标准和修理要求

原条文	修改后条文	变动情况、理由
	第 3.1.1 条　曲线超高设置应符合以下原则： 一、仅运行旅客列车的线路曲线超高应优先满足本线直通列车的旅客舒适度要求，并兼顾中间站停车和低于本线运行速度的跨线列车的旅客舒适度要求。客货共线铁路应兼顾直通列车的旅客舒适度和货运列车对线路状态的影响。 二、曲线超高计算时，应采用实际运营车型的特性曲线，模拟计算出直通和站站停列车的速度-距离曲线（v-s 曲线），计算采用的速度一般按圆曲线地段最高、最低速度取值。	增加了曲线超高设置原则，为曲线超高的合理设置、曲线允许速度的合理确定提供了依据。
第 3.1.1 条　~~曲线超高应满足旅客舒适度要求，按设计允许速度（设计有预留速度时按预留速度）进行计算并设置。~~ 一、超高最大值不得超过 175 mm。 二、未被平衡超高的一般要求： 1. 欠超高一般不应大于 40 mm，困难条件下不大于 60 mm。 2. 过超高不应大于 70 mm。~~初期兼顾货运的客运专线，货物列车按 80 km/h 速度检算时，最大过超高不得大于 90 mm。~~	**第 3.1.2 条**　曲线超高的设置和调整应满足下列要求： 一、实设超高。 1. 超高最大值：仅运行旅客列车的线路，无砟轨道不得超过175 mm、有砟轨道不得超过150 mm；客货共线铁路不得超过150 mm。实设超高值应为 5 mm 的整倍数。 2. 双线并行地段，上、下行曲线超高宜按相同值进行设置。 二、未被平衡超高的一般要求。	根据《铁路线路设计规范》《铁路轨道设计规范》以及运营实际，修改了有砟轨道超高设置最大值，增加了客货共线铁路超高设置最大值。250 km/h 高速铁路设计采用 3 500 m 最小曲线半径曲线较多，因此增加了 250 km/h 客运专线、客货共线铁路半径为

原条文	修改后条文	变动情况、理由
三、车站两端曲线超高设置应满足以下检算要求（v 为旅客列车进出站通过曲线时的速度）： 1. 当 $v \leqslant 160$ km/h 时，过超高一般不大于 90 mm，困难条件下不大于 110 mm。 2. 当 160 km/h < ~~$v \leqslant 200$ km/h~~ 时，过超高困难条件下不大于 90 mm。 ~~3. 当 200 km/h < $v \leqslant 250$ km/h 时，过超高困难条件下不大于 80 mm。~~ 4. 线路起终点车站或以进出站旅客列车为主的车站两端曲线，超高~~设置~~应满足本条第二款要求。 5. 在使用困难条件时，原则上应先用足进出站列车的~~过超高~~困难条件，再使用通过列车的~~欠超高~~困难条件；~~若仍不满足要求，~~应适当降低线路允许速度，~~直至~~超高~~设置~~符合规定。 ~~未被平衡~~欠超高和~~未被平衡~~过超高分别按下列公式检算： $$H_c = 11.8\frac{v_{max}^2}{R} - H$$ $$H_g = H - 11.8\frac{v_h^2}{R}$$ 式中 H——实设超高（mm）；	1. 仅运行旅客列车的线路，欠超高一般不大于 40 mm，困难条件下不大于 60 mm，其中 250 km/h 仅运行旅客列车的线路、半径为 3 500 m 的曲线欠超高不大于 65 mm；过超高不大于 70 mm。 2. 客货共线铁路，欠超高一般不大于 40 mm，困难情况下不大于 60 mm，其中半径为 3 500 m 的曲线欠超高不大于 65 mm；过超高一般不大于 30 mm，困难情况下不大于 50 mm。 3. 欠、过超高分别按下列公式检算： $$H_q = 11.8\frac{v_{max}^2}{R} - H$$ $$H_g = H - 11.8\frac{v_j^2}{R}$$ 式中 H——实设超高（mm）； H_q——欠超高（mm）； H_g——过超高（mm）； R——曲线半径（m）； v_{max}——曲线最高运行速度（km/h），区间曲线一般取设计速度（无砟轨道为设计预留速度），车站两端曲线、长大坡道、电分相等地段根据模拟速度进行取值；	3 500 m 曲线的欠超高不大于 65 mm，以满足半径 3 500 m 曲线达到设计速度需要。

原条文	修改后条文	变动情况、理由
H_c——~~未被平衡~~欠超高(mm); H_g——~~未被平衡~~过超高(mm); v_{max}——~~线路允许(预留)速度(km/h);~~ ~~v_h——兼顾货运的线路为货物列车最高行车速度(km/h),只运行客车的线路为低速客车行车速度(km/h)。~~ ~~**第3.1.1条** 曲线超高应满足旅客舒适度要求,按线路允许速度进行计算并设置。~~ 一、超高最大值一般不得超过150 mm,~~在困难条件下仅运行客车的线路不得超过170 mm。~~ 二、未被平衡超高的一般要求: 1. 欠超高一般不应大于40 mm,困难条件下不大于60 mm。 ~~2. 仅运行客车的线路过超高不应大于70 mm;客货共线线路货物列车按80 km/h速度检算时,过超高不应大于50 mm;初期兼顾货运的客运专线,货物列车按80 km/h速度检算时,最大过超高不得大于90 mm。~~ 三、车站两端曲线超高设置应满足以下检算要求(v为旅客列车进出站通过曲线时的速度):	v_j——曲线最低运行速度(km/h),仅运行旅客列车的线路为站站停旅客列车的最低模拟速度,客货共线铁路按80 km/h取值,货运量较大且货车停站较多的车站相邻曲线应采用货车模拟平均速度。 三、仅运行旅客列车的线路车站两端曲线超高设置应满足以下检算要求(v为旅客列车进出站通过曲线时的速度): 1. 当$v\leq160$ km/h时,过超高一般不大于90 mm,困难条件下不大于110 mm。 2. 当$v>160$ km/h时,过超高一般不大于60 mm,困难条件下不大于90 mm。 3. 线路起终点车站或以进出站旅客列车为主的车站两端曲线,未被平衡超高应满足本条第二款要求。 4. 超高计算在使用困难条件时,原则上先用足进出站列车的困难条件,再使用通过列车的困难条件。当进出站列车使用过超高困难条件限值后,通过列车欠超高仍超过困难条件限值时,应适当降低通过列车的线路允许速度,使欠超高符合上述规定。	

原条文	修改后条文	变动情况、理由
1. 当 $v \leq 160$ km/h 时，过超高一般不大于 90 mm，困难条件下不大于 110 mm。 2. 当 160 km/h < ~~$v \leq 200$ km/h~~ 时，过超高困难条件下不大于 90 mm。 ~~3. 当 200 km/h < $v \leq 250$ km/h 时，过超高困难条件下不大于 80 mm。~~ 4. 线路起终点车站或以进出站旅客列车为主的车站两端曲线，超高~~设置~~应满足本条第二款要求。 5. 在使用困难条件时，原则上应先用足进出站列车的~~过超高~~困难条件，再使用通过列车的~~欠超高~~困难条件。~~若仍不满足要求，~~应适当降低线路允许速度，~~直至~~超高~~设置~~符合规定。 ~~未被平衡~~欠超高和~~未被平衡~~过超高分别按下列公式检算： $$H_c = 11.8\frac{v_{max}^2}{R} - H$$ $$H_g = H - 11.8\frac{v_h^2}{R}$$ 式中 H——实设超高(mm)； H_c——~~未被平衡~~欠超高(mm)； H_g——~~未被平衡~~过超高(mm)；	四、客货运量、线路允许速度等行车条件发生变化和出现曲线轨枕挡肩破损、钢轨不正常磨耗等设备病害时，应重新按实际情况进行超高检算，经铁路局集团公司批准后可进行超高调整。	

原条文	修改后条文	变动情况、理由
v_{max}——线路允许(预留)速度(km/h); v_h——只运行客车的线路为低速客车行车速度(km/h)。(★)		
第3.1.2条　曲线超高顺坡率一般条件下不应大于$1/(10v_{max})$,困难条件下不得大于$1/(9v_{max})$。	**第3.1.3条**　曲线超高顺坡率,高速铁路、客货共线铁路一般条件下不应大于$1/(10v_{max})$,困难条件下不得大于$1/(9v_{max})$;城际铁路一般条件下不应大于$1/(10v_{max})$,困难条件下不得大于$1/(8v_{max})$。	增加了客货共线铁路、城际铁路超高顺坡率的规定。
第3.1.4条　区间及站内正线线间距不应小于表3.1.4的规定,曲线地段可不加宽。正线与既有铁路或客货共线铁路并行地段线间距不应小于5.3 m。 表3.1.4见下	**第3.1.5条**　高速铁路、客货共线铁路区间及站内正线线间距不应小于表3.1.5—1和表3.1.5—2的规定。三线及四线区间的第二线与第三线线间距不应小于5.3 m。线间有建(构)筑物或有影响限界的设施时,最小线间距按建筑限界计算确定。城际铁路的线间距应符合《铁路技术管理规程》的相关规定。 表3.1.5—1见下	根据《铁路线路设计规范》和《铁路技术管理规程(高速铁路部分)》,增加了客货共线铁路线间距规定,修改了站内正线线间距,明确城际铁路的线间距应符合《铁路技术管理规程》的相关规定。

表3.1.4　区间及站内正线线间距

设计行车速度(km/h)	350	300	250	200
最小线间距(m)	5.0	4.8	4.6	4.4

表3.1.5—1　区间正线线间距

设计速度(km/h)	350	300	250	200
最小线间距(m)	5.0	4.8	4.6	4.4

<table>
<tr><th>原条文</th><th>修改后条文</th><th>变动情况、理由</th></tr>
<tr><td></td><td>表 3.1.5—2　站内正线线间距
<table>
<tr><td rowspan="4">最小线间距(m)</td><td rowspan="3">高速铁路</td><td>v≤250 km/h</td><td>4.6</td></tr>
<tr><td>250 km/h < v≤300 km/h</td><td>4.8</td></tr>
<tr><td>300 km/h < v≤350 km/h</td><td>5.0</td></tr>
<tr><td colspan="2">客货共线铁路</td><td>5.0</td></tr>
</table></td><td></td></tr>
<tr><td>第 3.1.6 条　相邻两曲线间夹直线和两缓和曲线间圆曲线最小长度一般条件下不应小于 $0.8v_{max}$,困难条件下不应小于 $0.6v_{max}$。</td><td>第 3.1.7 条　相邻两曲线间夹直线和两缓和曲线间圆曲线最小长度:高速铁路一般条件下不应小于 $0.8v_{max}$,困难条件下不应小于 $0.6v_{max}$;客货共线铁路一般条件下不应小于 160 m,困难条件下不应小于 120 m。</td><td>根据《铁路线路设计规范》,增加了对客货共线铁路相邻两曲线间夹直线和两缓和曲线间圆曲线的要求。</td></tr>
<tr><td>第 3.1.7 条　正线曲线与道岔间夹直线长度一般条件下不应小于 $0.6v_{max}$,困难条件下不应小于 $0.5v_{max}$。</td><td>第 3.1.8 条　正线道岔与曲线间夹直线长度:高速铁路一般条件下不应小于 $0.6v_{max}$,困难条件下不应小于 $0.5v_{max}$;客货共线铁路应符合设计要求。</td><td>增加了对客货共线铁路正线道岔与曲线间夹直线长度的要求。</td></tr>
<tr><td>第 3.1.8 条　正线道岔对向设置,有列车同时通过两侧线时,道岔间直线段长度一般条件下不应小于 50 m,困难条件下不应小于 ~~33 m~~;无列车同时通过两侧线或道岔顺向布置时,道岔间直线段长度一般条件下不应小于 25 m。</td><td>第 3.1.9 条　正线 18 号道岔对向设置有列车同时通过两侧线时,道岔间直线段长度一般条件下不应小于 50 m,困难条件下不应小于 32 m;无列车同时通过两侧线或道岔顺向布置时,道岔间直线段长度一般条件下不应小于 25 m。
正线 12 号道岔间直线段长度一般条件下不应小于 25 m,困难条件下不应小于 12.5 m。</td><td>根据《高速铁路设计规范》,将正线 18 号道岔对向设置有列车同时通过两侧线时,道岔间直线段长度困难条件下“不应小于33 m”改为“不应小于 32 m”。增加了正线 12 号道岔间直线段长度规定。</td></tr>
</table>

<table>
<tr><th>原条文</th><th>修改后条文</th><th>变动情况、理由</th></tr>
<tr>
<td>第 3.2.1 条　~~设计行车速度 200～250 km/h(不含)区间正线最大坡度不应大于 20‰。设计行车速度 250～350 km/h~~ 区间正线最大坡度不宜大于 20‰，困难条件下不应大于 30‰。</td>
<td>第 3.2.1 条　高速铁路区间正线最大坡度不宜大于 20‰，困难条件下不应大于 30‰。线路所的正线坡度不宜大于 15‰；困难条件下，不应大于 20‰，特殊困难条件下，应经技术经济论证后确定。客货共线铁路应符合设计要求。</td>
<td>根据《铁路线路设计规范》，增加了：(1)线路所正线坡度的要求；(2)客货共线铁路正线最大坡度的要求。</td>
</tr>
<tr>
<td>第 3.2.2 条　~~正线~~最小坡段长度应符合表 3.2.2 的规定。一般条件的最小坡段长度不宜连续采用，困难条件下的最小坡段长度不得连续采用。

~~表 3.2.2　最小坡段长度~~
<table>
<tr><td>~~设计行车速度(km/h)~~</td><td>~~350~~</td><td>~~300~~</td><td>~~250~~</td><td>~~200~~</td></tr>
<tr><td>~~一般条件(m)~~</td><td>~~2 000~~</td><td>~~1 200~~</td><td>~~1 200~~</td><td>~~800~~</td></tr>
<tr><td>~~困难条件(m)~~</td><td>~~900~~</td><td>~~900~~</td><td>~~900~~</td><td>~~600~~</td></tr>
</table></td>
<td>第 3.2.2 条　高速铁路最小坡段长度一般条件下不应小于 900 m，且不宜连续使用；困难条件下不应小于 600 m，且不应连续使用；列车全部停站的车站两端坡段长度不应小于 400 m。客货共线铁路最小坡段长度一般条件下不宜小于 600 m，且不宜连续使用；困难条件下不应小于 400 m，且不应连续使用。</td>
<td>根据《铁路线路设计规范》，修改了高速铁路最小坡段长度，增加了客货共线铁路的相关规定。</td>
</tr>
<tr>
<td>第 3.2.3 条　坡段间连接应符合下列规定：
一、~~正线~~相邻坡段坡度差大于或等于 1‰ 时，应设置圆曲线型竖曲线连接，最小竖曲线半径按表 3.2.3—1 选用，最大竖曲线半径不应大于 30 000 m，最小竖曲线长度不得小于 25 m。</td>
<td>第 3.2.3 条　坡段间连接应符合下列规定：
一、高速铁路相邻坡段坡度差大于或等于 1‰、客货共线铁路大于 1‰时，应设置圆曲线型竖曲线连接，最小竖曲线半径按表 3.2.3—1 选用，最大竖曲线半径不应大于30 000 m，最小竖曲线长度不应小于 25 m。</td>
<td>根据《铁路线路设计规范》，增加了(1)客货共线铁路设置竖曲线规定；(2)高速铁路的竖曲线起终点(或变坡点)与平面曲线起终点间的最小距离规定；(3)有砟轨道与无砟轨道过渡段设置规定。</td>
</tr>
</table>

原条文	修改后条文	变动情况、理由

原条文

表 3.2.3—1 最小竖曲线半径

设计行车速度(km/h)	350	300	250	200
最小竖曲线半径(m)	25 000	25 000	20 000	15 000

二、竖曲线(或变坡点)与缓和曲线、道岔及调节器均不得重叠设置。

三、竖曲线与平面圆曲线不宜重叠设置,困难条件下应符合表 3.2.3—2 规定。

表 3.2.3—2 竖曲线与平面圆曲线重叠设置的曲线半径最小值

设计行车速度(km/h)	350	300	250	200
平面最小圆曲线半径(m)	6 000	4 500	3 000	—
最小竖曲线半径(m)	25 000	25 000	20 000	—

四、正线两线并行时,两线轨面高程宜按等高(曲线地段为内轨面等高)设置。

修改后条文

表 3.2.3—1 最小竖曲线半径

设计速度(km/h)	350	300	250	200
最小竖曲线半径(m)	25 000	25 000	20 000	15 000

二、竖曲线(或变坡点)与竖曲线、缓和曲线、正线道岔、调节器均不得重叠设置。

三、有砟轨道与无砟轨道过渡段不应设置在缓和曲线和竖曲线上。

四、高速铁路的竖曲线起终点(或变坡点)与平面曲线起终点间的最小距离不宜小于 20 m。

五、竖曲线与平面圆曲线不宜重叠设置,困难条件下重叠设置时,最小曲线半径应符合表 3.2.3—2 规定。

表 3.2.3—2 竖曲线与平面圆曲线重叠设置的最小曲线半径

设计速度(km/h)	350	300	250
平面最小圆曲线半径(m)	6 000	4 500	3 000
最小竖曲线半径(m)	25 000	25 000	20 000

六、正线两线并行时,两线轨面高程宜按等高(曲线地段为内轨面等高)设置。

变动情况、理由

原条文	修改后条文	变动情况、理由

原条文

第 3.3.2 条　正线有砟道床尺寸应符合表 3.3.2 的要求。

表 3.3.2　道床断面尺寸

速度等级(km/h)	~~砟肩宽度(m)~~	厚度(mm)	边坡	砟肩堆高(mm)	道床顶面位置(mm)		
					轨枕中部	轨底处	道岔区
200~250(不含)	~~不小于0.5~~	350	1:1.75	150	与轨枕顶面平齐	轨枕承轨面以下30~40	岔枕顶面以下30~40
250~300				100		轨枕承轨面以下40~50	岔枕顶面以下40~50

(★)

修改后条文

第 3.3.1 条　正线有砟道床断面尺寸应符合表 3.3.1 要求。铺设桥枕地段的道床顶面应低于轨枕承轨面 30 mm。桥梁地段砟肩至挡砟墙间、隧道地段砟肩至边墙(或高侧水沟、电缆槽壁)间应以道砟填平。正线双线并行地段,除隧道检查井外,两线间宜采用道砟填平,填平地段两线间道床砟肩不再堆高。

表 3.3.1　正线有砟道床断面尺寸

速度等级(km/h)		道床顶面宽度(m)	厚度(mm)	边坡坡率	砟肩堆高(mm)	道床顶面位置(mm)		
						轨枕中部及端部	轨底处	道岔区
$250 \leq v \leq 300$		3.6	350	1:1.75	100	与轨枕顶面平齐	轨枕承轨面以下40~50	岔枕顶面以下40~50
$200 < v < 250$					150		轨枕承轨面以下30~40	岔枕顶面以下30~40
$v = 200$	土质路基(单层道床)	3.5	300	1:1.75	150	与轨枕顶面平齐	轨枕承轨面以下30~40	岔枕顶面以下30~40
	硬质岩石路基、隧道、桥梁		350					

变动情况、理由

根据《铁路轨道设计规范》增加了:铺设桥枕地段的道床顶面低于轨枕承轨面高度及桥梁地段砟肩至挡砟墙间、隧道地段道床砟肩至边墙(或高侧水沟、电缆槽壁)间应以道砟填平的规定。根据运营实际,增加正线双线并行地段两线间道砟填平等相关规定。

原条文

第 3.3.1 条 ~~有砟道床应采用特级碎石道砟，其材质应符合相关标准要求，并应经水洗。~~（★）

第 3.3.3 条 碎石道砟粒径级配应符合表 3.3.3 的要求。

表 3.3.3 道砟粒径级配要求

粒径	筛分机底筛孔边长 31.5～50 mm					
级配	方孔筛孔边长(mm)	22.4	31.5	40	50	63
	过筛质量百分率(%)	0～3	1～25	30～65	70～99	100
颗粒分布	方孔筛*孔边长(mm)	31.5～50				
	颗粒质量百分率(%)	≥50				

注：* 指金属丝编织的标准方孔筛。

（★）

修改后条文

第 3.3.2 条 有砟道床的道砟材质及级配应符合下列要求：

一、设计速度 $v>200$ km/h 线路，应采用特级材质、特级级配的碎石道砟，并应经水洗。设计速度 160 km/h $<v\leq 200$ km/h 仅运行旅客列车线路，应采用特级材质、特级级配的碎石道砟，并应经水洗；如无特级砟源，应采用一级材质、特级级配加水洗工艺生产的碎石道砟。设计速度 $v\leq 160$ km/h 仅运行动车组列车线路，应采用一级材质、一级级配的道砟。客货共线铁路采用特级或一级材质、一级级配的道砟。

二、特级碎石道砟粒径级配应符合表 3.3.2—1 的要求，维修用一级碎石道砟粒径级配应符合表 3.3.2—2 的要求。

表 3.3.2—1 特级碎石道砟粒径级配要求

方孔筛孔边长(mm)		22.4	31.5	40	50	63
过筛质量百分率(%)		0～3	1～25	30～65	70～99	100
颗粒分布	方孔筛孔边长(mm)	31.5～50				
	颗粒质量百分率(%)	≥50				

注：检验用方孔筛系指金属丝编织的标准方孔筛。

表 3.3.2—2 维修用一级碎石道砟粒径级配要求

方孔筛孔边长(mm)	25	35.5	45	56	63
过筛质量百分率(%)	0～5	25～40	55～75	92～97	97～100

注：检验用方孔筛系指金属丝编织的标准方孔筛。

变动情况、理由

根据《轨道设计规范》《轨道部件使用规定》，增加了设计速度 160 km/h $<v\leq 200$ km/h 仅运行旅客列车线路、设计速度 $v\leq 160$ km/h 仅运行动车组列车线路及客货共线铁路采用道砟材质、级配要求，以及维修用一级碎石道砟粒径级配。

原条文	修改后条文	变动情况、理由
	第 3.3.5 条 聚氨酯固化道床应满足设计要求,排水通道应保持通畅;聚氨酯固化道床区段严禁捣固和清筛作业,相邻区段有砟轨道捣固时应做好顺坡;高低、轨向通过扣件进行调整,其他维修作业可参照有砟轨道执行。	提出了聚氨酯固化道床修理要求。
	第 3.4.4 条 CRTSⅢ型板式无砟道床结构及主要技术要求。 一、道床结构由轨道板、自密实混凝土层、隔离层、混凝土底座及凹槽周围弹性垫层等部分组成。底座沿线路纵向单元设置,底座间设横向伸缩缝,曲线超高在底座上设置。 二、自密实混凝土应灌注饱满,与轨道板底部密贴,形成复合结构。 三、混凝土轨道板不得有贯通裂缝。 四、底座混凝土不得有贯通裂缝;底座伸缩缝应状态良好,不得有离缝。 五、排水通道应保持通畅。	提出了 CRTSⅢ型板式无砟道床结构及主要技术要求。

原条文	修改后条文	变动情况、理由

原条文

第 3.3.7 条 无砟道床伤损等级分为Ⅰ级、Ⅱ级、~~Ⅲ级。对Ⅰ级伤损应做好记录，对Ⅱ级伤损应列入维修计划并适时进行修补，对Ⅲ级伤损应及时修补。~~

~~一、CRTS Ⅰ型板式无砟道床伤损形式及伤损等级判定标准见表 3.3.7—1~~。

表 3.3.7—1 CRTS Ⅰ型板式无砟道床伤损形式及伤损等级判定标准(mm)

伤损部位	伤损形式	判定项目	评定等级 Ⅰ级	评定等级 Ⅱ级	评定等级 ~~Ⅲ级~~	备注
预应力轨道板	裂缝	宽度	~~0.1~~	~~0.2~~	~~0.3~~	~~掉块、缺损或封端脱落应适时修补~~
	锚穴封端离缝	宽度	~~0.2~~	~~0.5~~	~~1.0~~	
普通轨道板	裂缝	宽度	~~0.2~~	~~0.3~~	~~0.5~~	
凸形挡台	裂缝	宽度	~~0.2~~	~~0.3~~	~~0.5~~	
底座	裂缝	宽度	~~0.2~~	~~0.3~~	~~0.5~~	
底座伸缩缝	离缝	宽度	~~1.0~~	~~2.0~~	~~3.0~~	~~路基、隧道地段~~
水泥乳化沥青砂浆	离缝	~~宽度~~	~~1.0~~	~~1.5~~	~~2.0~~	~~掉块、缺损或剥落应适时修补~~
		~~横向深度~~	~~20~50~~	~~50~100~~	~~≥100~~	
		~~对角长度~~	~~20~30~~	~~30~50~~	~~≥50~~	
	裂缝	宽度	~~0.2~~	~~0.5~~	~~1.0~~	
凸形挡台周围填充树脂	离缝	宽度	~~1.0~~	~~2.0~~	~~3.0~~	~~缺损应适时修补~~
	裂缝	宽度	~~0.2~~	~~0.5~~	~~1.0~~	

修改后条文

第 3.4.8 条 无砟道床伤损等级分为Ⅰ级、Ⅱ级，伤损形式及等级判定标准见表 3.4.8—1 ~ 表 3.4.8—6。

表 3.4.8—1 CRTS Ⅰ型板式无砟道床伤损形式及伤损等级判定标准

伤损部位	伤损形式	判定项目	评定等级及限值 Ⅰ级	评定等级及限值 Ⅱ级
预应力轨道板	裂缝	宽度(mm)	0.2	0.3
	锚穴封端离缝	宽度(mm)	0.5	1.0
普通轨道板	裂缝	宽度(mm)	0.3	0.5
凸形挡台	裂缝	宽度(mm)	0.3	0.5
底座	裂缝	宽度(mm)	0.3	0.5
底座伸缩缝	离缝	宽度(mm)	1.0	2.0
水泥乳化沥青砂浆充填层	离缝	宽度(mm)	1.5	2.0
		深度(mm)	50	100
		长度(mm)	200	800
	裂缝	宽度(mm)	0.5	1.0
凸形挡台周围填充树脂	离缝	宽度(mm)	2.0	3.0
	裂缝	宽度(mm)	0.5	1.0

变动情况、理由

1. 根据无砟道床伤损发展规律和现场维修实际，将无砟道床伤损等级由原来的Ⅰ级、Ⅱ级、Ⅲ级修改为现在的Ⅰ级、Ⅱ级。

2. CRTS Ⅰ型板式无砟道床。将水泥乳化沥青砂浆充填层离缝长度由原来的“Ⅰ级 20 ~ 30 mm、Ⅱ级 30 ~ 50 mm、Ⅲ级 ≥ 50 mm”修改为“Ⅰ级 200 mm、Ⅱ级 800 mm”。将底座伸缩缝离缝宽度由原来的“Ⅰ级 1.0 mm、Ⅱ级 2.0 mm、Ⅲ级 3.0 mm”修改为“Ⅰ级 1.0 mm、Ⅱ级 2.0 mm”。

3. CRTS Ⅱ型板式无砟道床。根据无砟道床伤损形式及伤损发展规律，修改了水泥乳化沥青砂浆充填层离缝伤损等级判定

原条文	修改后条文	变动情况、理由

原条文

~~二、CRTS Ⅱ型板式无砟道床伤损形式及伤损等级判定标准见表3.3.7—2。~~

表 3.3.7—2 CRTS Ⅱ型板式无砟道床伤损形式及伤损等级判定标准(mm)

伤损部位	伤损形式	判定项目	评定等级			~~备注~~
			Ⅰ级	Ⅱ级	~~Ⅲ级~~	
轨道板	裂缝	宽度	~~0.1~~	~~0.2~~	~~0.3~~	~~预裂缝处的裂缝除外，掉块或缺损应适时修补~~
板间接缝	裂缝	宽度	~~0.2~~	~~0.3~~	~~0.5~~	~~掉块或缺损应适时修补~~
	离缝	宽度	~~0.2~~	~~0.3~~	~~0.5~~	
支承层	裂缝	宽度	~~0.2~~	~~0.5~~	~~1.0~~	
底座板	裂缝	宽度	~~0.2~~	~~0.3~~	~~0.5~~	
侧向挡块	裂缝	宽度	~~0.2~~	~~0.3~~	~~0.5~~	
~~挤塑板~~	~~离缝~~	~~宽度~~	~~0.2~~	~~0.5~~	~~1.0~~	
水泥乳化沥青砂浆充填层	离缝	宽度	~~0.5~~	~~1.0~~	~~1.5~~	~~掉块、缺损或剥落应适时修补~~
		~~深度~~	~~20~50~~	~~50~100~~	~~≥100~~	
		~~对角长度~~	~~20~30~~	~~30~50~~	~~≥50~~	
	裂缝	宽度	~~0.2~~	~~0.5~~	~~1.0~~	

~~三、双块式无砟道床伤损形式及伤损等级判定标准见表3.3.7—3。~~

修改后条文

表 3.4.8—2 CRTS Ⅱ型板式无砟道床伤损形式及伤损等级判定标准

伤损部位	伤损形式	判定项目	评定等级及限值	
			Ⅰ级	Ⅱ级
轨道板	裂缝*	宽度(mm)	0.2	0.3
	挡肩缺损	面积比(%)	10	30
板间接缝	裂缝	宽度(mm)	0.3	0.5
	离缝	宽度(mm)	0.3	0.5
支承层	裂缝	宽度(mm)	0.5	1.0
底座板	裂缝	宽度(mm)	0.3	0.5
侧向挡块	裂缝	宽度(mm)	0.3	0.5
水泥乳化沥青砂浆充填层	离缝	宽度(mm)	1.5	2.0
		面积比(%)	30	50
	裂缝	宽度(mm)	0.5	1.0

* 注：预裂缝处的裂缝除外。

表 3.4.8—3 CRTS Ⅲ型板式无砟道床伤损形式及伤损等级判定标准

伤损部位	伤损形式	判定项目	评定等级及限值	
			Ⅰ级	Ⅱ级
预应力轨道板	裂缝	宽度(mm)	0.2	0.3
	挡肩缺损	面积比(%)	10	30
普通轨道板	裂缝	宽度(mm)	0.3	0.5
底座	裂缝	宽度(mm)	0.3	0.5
底座伸缩缝	离缝	宽度(mm)	1.0	2.0
自密实混凝土层	离缝	宽度(mm)	1.0	1.5
		深度(mm)	50	100
		长度(mm)	100	300
	裂缝	宽度(mm)	0.3	0.5

变动情况、理由

标准：离缝宽度由原来的"Ⅰ级0.5 mm、Ⅱ级1.0 mm、Ⅲ级1.5 mm"修改为"Ⅰ级1.5 mm、Ⅱ级2.0 mm"。增加了水泥乳化沥青砂浆充填层离缝面积比判定标准：Ⅰ级30%、Ⅱ级50%，删除了水泥乳化沥青砂浆充填层离缝深度、长度等评价指标。增加了挡肩缺损(面积比)伤损等级判定标准：Ⅰ级10%、Ⅱ级30%。删除了挤塑板离缝评价指标。

4. 增加了CRTS Ⅲ型板式无砟道床伤损形式及伤损等级判定标准。

5. CRTS双块式无砟道床。增加了：(1)挡肩缺损伤损(面积比)等级判定标准：Ⅰ级10%、Ⅱ级30%；(2)底座伸缩缝离缝判定标准。

原条文

表 3.3.7—3　双块式无砟轨道道床伤损形式及伤损等级判定标准(mm)

伤损部位	伤损形式	判定项目	评定等级			~~备注~~
			Ⅰ级	Ⅱ级	~~Ⅲ级~~	
双块式轨枕	裂缝	宽度	~~0.1~~	~~0.2~~	~~0.3~~	
道床板	裂缝	宽度	~~0.2~~	~~0.3~~	~~0.5~~	~~掉块、缺损应适时修补，挡肩失效应及时修补~~
	轨枕界面裂缝	宽度	~~0.2~~	~~0.3~~	~~0.5~~	
支承层	裂缝	宽度	~~0.2~~	~~0.5~~	~~1.0~~	
底座	裂缝	宽度	~~0.2~~	~~0.3~~	~~0.5~~	

~~四、道岔区轨枕埋入式无砟道床伤损形式及伤损等级判定标准见表3.3.7—4。~~

表 3.3.7—4　道岔区轨枕埋入式无砟道床伤损形式及伤损等级判定标准(mm)

伤损部位	伤损形式	判定项目	评定等级			~~备注~~
			Ⅰ级	Ⅱ级	~~Ⅲ级~~	
岔枕	裂缝	宽度	~~0.1~~	~~0.2~~	~~0.3~~	
道床板	裂缝	宽度	~~0.2~~	~~0.3~~	~~0.5~~	~~掉块或缺损应适时修补~~
	岔枕界面裂缝	宽度	~~0.2~~	~~0.3~~	~~0.5~~	
底座	裂缝	宽度	~~0.2~~	~~0.3~~	~~0.5~~	
支承层	裂缝	宽度	~~0.2~~	~~0.5~~	~~1.0~~	
底座伸缩缝	离缝	宽度	~~1.0~~	~~2.0~~	~~3.0~~	

修改后条文

表 3.4.8—4　CRTS 双块式无砟道床伤损形式及伤损等级判定标准

伤损部位	伤损形式	判定项目	评定等级及限值	
			Ⅰ级	Ⅱ级
双块式轨枕	裂缝	宽度(mm)	0.2	0.3
	挡肩缺损	面积比(%)	10	30
道床板	裂缝	宽度(mm)	0.3	0.5
	轨枕界面裂缝	宽度(mm)	0.3	0.5
支承层	裂缝	宽度(mm)	0.5	1.0
底座	裂缝	宽度(mm)	0.3	0.5
底座伸缩缝	离缝	宽度(mm)	1.0	2.0

表 3.4.8—5　道岔区轨枕埋入式无砟道床伤损形式及伤损等级判定标准

伤损部位	伤损形式	判定项目	评定等级及限值	
			Ⅰ级	Ⅱ级
岔枕	裂缝	宽度(mm)	0.2	0.3
道床板	裂缝	宽度(mm)	0.3	0.5
	岔枕界面裂缝	宽度(mm)	0.3	0.5
底座	裂缝	宽度(mm)	0.3	0.5
底座伸缩缝	离缝	宽度(mm)	1.0	2.0
支承层	裂缝	宽度(mm)	0.5	1.0

变动情况、理由

6. 道岔区轨枕埋入式无砟道床。将底座伸缩缝离缝宽度由原来的“Ⅰ级1.0 mm、Ⅱ级2.0 mm、Ⅲ级3.0 mm”修改为“Ⅰ级1.0 mm、Ⅱ级2.0 mm”。

7. 道岔区板式无砟道床。修改了水泥乳化沥青砂浆充填层离缝伤损等级判定标准：离缝宽度由原来的“Ⅰ级0.5 mm、Ⅱ级1.0 mm、Ⅲ级1.5 mm”修改为“Ⅰ级1.5 mm、Ⅱ级2.0 mm”。增加了水泥乳化沥青砂浆充填层离缝面积比判定标准：Ⅰ级30%、Ⅱ级50%。删除了水泥乳化沥青砂浆充填层离缝深度、长度等评价指标。删除了挤塑板离缝评价指标。

原条文	修改后条文	变动情况、理由
五、道岔区板式无砟道床伤损形式及伤损等级判定标准见表3.3.7—5。		

表3.3.7—5 道岔区板式无砟道床伤损形式及伤损等级判定标准(mm)

伤损部位	伤损形式	判定项目	评定等级			备注
			Ⅰ级	Ⅱ级	Ⅲ级	
道岔板	裂缝	宽度	0.2	0.3	0.5	掉块或缺损应适时修补
底座	裂缝	宽度	0.2	0.3	0.5	路基地段,掉块或缺损应适时修补
	离缝	宽度	0.2	0.3	0.5	
找平层	裂缝	宽度	0.2	0.3	0.5	
底座板	裂缝	宽度	0.2	0.3	0.5	桥梁地段,掉块、缺损或剥落应适时修补
侧向挡块	裂缝	宽度	0.2	0.3	0.5	
水泥乳化沥青砂浆	离缝	宽度	0.5	1.0	1.5	
		深度	20～50	50～100	≥100	
		对角长度	20～30	30～50	≥50	
	裂缝	宽度	0.2	0.5	1.0	
挤塑板	离缝	宽度	0.2	0.5	1.0	

表3.4.8—6 道岔区板式无砟道床伤损形式及伤损等级判定标准

伤损部位	伤损形式	判定项目	评定等级及限值	
			Ⅰ级	Ⅱ级
道岔板	裂缝	宽度(mm)	0.3	0.5
底座	裂缝	宽度(mm)	0.3	0.5
	离缝	宽度(mm)	0.3	0.5
找平层	裂缝	宽度(mm)	0.3	0.5
底座板	裂缝	宽度(mm)	0.3	0.5
侧向挡块	裂缝	宽度(mm)	0.3	0.5
水泥乳化沥青砂浆充填层	离缝	宽度(mm)	1.5	2.0
		面积比(%)	30	50
	裂缝	宽度(mm)	0.5	1.0

原条文	修改后条文	变动情况、理由
	第3.4.9条 对无砟道床Ⅰ级伤损应做好观测、记录、分析。对Ⅱ级伤损及无砟道床混凝土、水泥乳化沥青砂浆充填层、自密实混凝土层等缺损掉块应列入维修计划并适时进行修补。无砟道床伤损达到以下条件之一者,应及时修理或更换: 一、轨道板(轨枕)挡肩缺损大于50%。 二、轨道板挡肩顶面裂缝宽度大于1.5 mm。 三、轨道板沿线路纵向贯通裂缝宽度大于0.5 mm。 四、轨道板严重网状龟裂(裂缝宽度大于0.5 mm)。 五、轨道板(轨枕)预埋件周围的混凝土裂缝宽度大于1.5 mm。 六、CRTSⅡ型板式无砟轨道水泥乳化沥青砂浆充填层离缝面积比大于60%。 七、凸形挡台、侧向挡块混凝土劈裂。 八、双块式轨枕环裂(裂缝大于0.5 mm)。	根据理论分析和运营维护经验,增加了需要及时维修的无砟道床伤损标准。

原条文

第3.4.2条 ~~应及时更换失效、修理伤损的混凝土枕。~~混凝土枕~~失效及严重~~伤损判定标准见表3.4.2。

表3.4.2 混凝土枕失效及严重伤损判定标准

伤损等级	伤损判定
失效	(1)~~明显~~折断。 (2)轨枕纵向~~通裂~~:挡肩顶角处裂缝宽大于1.5 mm,纵向水平裂缝~~基本贯通~~(缝宽大于0.5 mm)。 (3)轨枕横裂或斜裂~~接近环状裂缝~~(~~残余~~裂缝宽度超过0.5 mm或长度超过2/3枕高)。 (4)挡肩缺损,~~接近失去支承能力(缺损长度超过挡肩长度的1/2)。~~ (5)严重掉块。 (6)预埋铁座损坏。 (7)预埋件周围的混凝土裂纹宽度大于1.5 mm。
严重伤损	(1)轨枕横裂或斜裂的裂缝长度为枕高1/2~~~2/3~~。 (2)轨枕纵裂:两螺栓孔间纵裂,挡肩顶角处裂缝宽~~不大于1.5 mm~~,纵向水平裂缝~~基本贯通(裂缝宽不大于0.5 mm)~~。 (3)挡肩缺损~~长度为总长度的1/3~1/2~~。 (4)严重网状龟裂~~和掉块~~。 (5)~~承轨槽压溃~~,深度超过2 mm。 (6)~~钢筋(或~~钢丝~~)~~外露(长度超过100 mm)。

(★)

修改后条文

第3.5.2条 混凝土枕及混凝土岔枕伤损等级分严重伤损和失效两级,伤损判定标准见表3.5.2。

表3.5.2 混凝土枕及混凝土岔枕严重伤损及失效判定标准

伤损等级	伤损判定
严重伤损	(1)轨枕横裂或斜裂的裂缝长度达到枕高1/2。 (2)轨枕纵向裂缝:两预埋件(或两螺栓孔)间纵裂;挡肩顶角裂缝,宽度大于0.5 mm;纵向水平贯通裂缝。 (3)挡肩缺损,缺损面积达到1/3。 (4)严重网状龟裂,裂缝宽度不大于0.5 mm。 (5)预埋件周围的混凝土裂缝宽度大于0.5 mm。 (6)承轨面伤损,深度超过2 mm。 (7)掉块造成预应力钢丝外露(长度超过100 mm)
失效	(1)折断。 (2)轨枕横裂或斜裂(裂缝宽度超过0.5 mm或长度超过2/3枕高),轨枕环裂。 (3)轨枕纵向裂缝:挡肩顶角裂缝,宽度大于1.5 mm;纵向水平贯通裂缝,裂缝宽度大于0.5 mm。 (4)挡肩缺损,缺损面积超过1/2。 (5)严重网状龟裂(裂缝宽度超过0.5 mm),或由网状龟裂导致轨枕掉块。 (6)扣件预埋铁座损坏。 (7)预埋件周围的混凝土裂缝宽度大于1.5 mm。 (8)严重掉块造成预应力钢丝外露(长度超过150 mm)

变动情况、理由

根据高速铁路运营十多年来的经验,对混凝土枕严重伤损,将原有判定指标进行修改完善:增加了预埋件周围混凝土裂缝的判定。对混凝土枕失效,将原有判定指标进行修改完善。修改符合现场实际情况,操作性更强。

原条文	修改后条文	变动情况、理由
第 3.4.1 条 正线应采用符合相应技术标准的 60 kg/m、100 m 定尺、强度等级为 880 MPa 热轧钢轨，兼顾货运的应采用强度等级为 980 MPa 热轧钢轨。	**第 3.6.1 条** 正线、到发线应采用 60 kg/m(60N)、100 m 定尺钢轨。200 km/h 及以上的铁路和 200 km/h 及以下仅运行动车组列车的铁路应选用 U71MnG 钢轨，客货共线铁路应选用 U75VG 钢轨。曲线半径小于或等于 2 800 m 的正线以及曲线半径小于或等于 1 200 m 的动车组走行线、联络线、站线应选用同区间材质的在线热处理钢轨。	根据《钢轨使用规范》(Q/CR 583—2017)，明确了正线、到发线应采用 60N 钢轨。增加了客货共线铁路、曲线半径小于或等于 2 800 m 的正线以及曲线半径小于或等于 1 200 m 的动车组走行线、联络线、站线的钢轨使用要求。
第 3.4.3 条 道岔、调节器和胶接绝缘接头用轨技术标准。 一、道岔、调节器和胶接绝缘接头用 60 kg/m 钢轨应符合《高速铁路用钢轨》(TB/T3276)规定。 二、60D40、60AT 钢轨应符合《客运专线 60AT 钢轨暂行技术条件》规定。 三、轧制特种断面翼轨应符合《轧制特种断面翼轨暂行技术条件》规定。 四、道岔护轨应符合《33 kg/m 护轨用槽型钢》(TB/T 3110)规定。 五、道岔、调节器用钢轨应采用与区间钢轨同材质的热轧钢轨或符合相应技术条件要求的热处理钢轨。	**第 3.6.2 条** 道岔、调节器和胶接绝缘接头用轨。 一、高速铁路、客货共线铁路道岔用基本轨、尖轨、心轨、翼轨(特种断面翼轨 TY1 除外)和导轨应分别选用 U71MnHG、U75VHG 对称及非对称断面钢轨。 二、调节器用钢轨应选用在线热处理对称及非对称断面钢轨。 三、厂制胶接绝缘接头应选用与相邻钢轨相同材质的在线热处理钢轨。 四、CN 道岔、CZ 道岔和 CN 钢轨伸缩调节器用钢轨应符合设计要求。	1. 根据《铁路轨道设计规范》，明确了道岔、调节器和胶接绝缘接头钢轨选用要求。 2. 增加了 CN 道岔、CZ 道岔和 CN 钢轨伸缩调节器用钢轨的要求。

<table>
<tr><th>原条文</th><th>修改后条文</th><th>变动情况、理由</th></tr>
<tr><td>六、胶接绝缘接头用钢轨的~~轨型、钢种~~应与相邻钢轨相同。</td><td></td><td></td></tr>
<tr><td>

第 3.4.2 条　钢轨应符合~~《高速铁路用钢轨》(TB/T3276)~~规定~~。钢轨几何尺寸、~~平直度~~和扭曲~~、表面质量缺陷深度~~允许偏差分别见表 3.4.2—1、表 3.4.2—2 和表 3.4.2—3。~~

~~表 3.4.2—1　钢轨几何尺寸允许偏差(mm)~~

<table>
<tr><th>~~项目~~</th><th>~~允许偏差~~</th></tr>
<tr><td>~~钢轨高度~~</td><td>~~±0.6~~</td></tr>
<tr><td>~~轨头宽度~~</td><td>~~±0.5~~</td></tr>
<tr><td>~~轨冠饱满度~~</td><td>~~+0.6,−0.3~~</td></tr>
<tr><td>~~轨底宽度~~</td><td>~~±1.0~~</td></tr>
<tr><td>~~轨腰厚度~~</td><td>~~+1.0,−0.5~~</td></tr>
<tr><td>~~轨底边缘厚度~~</td><td>~~+0.75,−0.5~~</td></tr>
<tr><td>~~接头夹板安装面斜度~~</td><td>~~±0.50~~</td></tr>
<tr><td>~~接头夹板安装面高度~~</td><td>~~+0.6,−0.5~~</td></tr>
<tr><td>~~轨底凹陷~~</td><td>~~≤0.3~~</td></tr>
<tr><td>~~端面斜度(垂直、水平方向)~~</td><td>~~≤0.6~~</td></tr>
<tr><td>~~断面不对称~~</td><td>~~±1.2~~</td></tr>
<tr><td>~~长度(环境温度 20 ℃时)~~</td><td>~~±30~~</td></tr>
<tr><td>~~螺栓孔直径~~</td><td>~~±0.7~~</td></tr>
<tr><td>~~螺栓孔位置~~</td><td>~~±0.7~~</td></tr>
</table>

</td><td>

第 3.6.3 条　钢轨应符合《钢轨　第 1 部分:43 kg/m～75 kg/m 钢轨》(TB/T 2344.1)规定,平直度、表面质量缺陷深度容许偏差分别见表 3.6.3—1、表 3.6.3—2;道岔及调节器用非对称断面钢轨应符合《钢轨　第 2 部分:道岔用非对称断面钢轨》(TB/T 2344.2)规定,平直度、表面质量缺陷深度容许偏差分别见表 3.6.3—3、表 3.6.3—4;道岔护轨应符合《33 kg/m 护轨用槽型钢》(TB/T 3110)规定,平直度及表面质量缺陷深度容许偏差见表 3.6.3—5。

表 3.6.3—1　钢轨平直度容许偏差

<table>
<tr><th>部位</th><th colspan="2">项目</th><th>容许偏差</th></tr>
<tr><td rowspan="3">距轨端
0～1.5 m</td><td rowspan="3">平直度</td><td>垂直方向
(向上)</td><td>0～1 m:≤0.3 mm/1 m
0～1.5 m:≤0.35 mm/1.5 m</td></tr>
<tr><td>垂直方向
(向下)</td><td>≤0.2 mm/1.5 m</td></tr>
<tr><td>水平方向</td><td>0～1 m:≤0.4 mm/1 m
0～1.5 m:≤0.5 mm/1.5 m</td></tr>
<tr><td rowspan="2">距轨端
1～2.5 m</td><td rowspan="2">平直度</td><td>垂直方向</td><td>≤0.3 mm/1.5 m</td></tr>
<tr><td>水平方向</td><td>≤0.5 mm/1.5 m</td></tr>
<tr><td rowspan="2">轨身</td><td rowspan="2">平直度</td><td>垂直方向</td><td>≤0.3 mm/3 m 和≤0.2 mm/1 m</td></tr>
<tr><td>水平方向</td><td>≤0.45 mm/1.5 m</td></tr>
</table>

</td><td>根据《钢轨　第 1 部分:43 kg/m～75 kg/m 钢轨》(TB/T 2344.1)、《钢轨　第 2 部分:道岔用非对称断面钢轨》(TB/T 2344.2)和《钢轨使用规范》(Q/CR 583—2017),增加了道岔用非对称断面钢轨平直度、表面质量缺陷深度容许偏差,道岔护轨平直度及表面质量缺陷深度容许偏差。删除了用于钢轨出厂检验而线路日常维修用不到的钢轨几何尺寸和扭曲容许偏差标准。</td></tr>
</table>

原条文	修改后条文	变动情况、理由

原条文

表 3.4.2—2 钢轨平直度和扭曲允许偏差

部位	项目	允许偏差
轨端~~0～2 m部位~~	垂直(向上)	0～1 m:≤0.3 mm/1m ~~0～2 m:≤0.4 mm/2 m~~
	垂直(向下)	≤0.2 mm/~~2 m~~
	水平~~(左右)~~	0～1 m:≤0.4 mm/1 m ~~0～2 m:≤0.6 mm/2 m~~
距轨端~~1～3 m部位~~	垂直	~~≤0.3 mm/2 m~~
	水平	~~≤0.6 mm/2 m~~
轨身	垂直	≤0.3 mm/3 m 和 0.2 mm/1 m
	水平	~~≤0.5 mm/2 m~~
~~钢轨全长~~	~~上弯曲和下弯曲~~	~~≤10 mm~~
	~~侧弯曲~~	~~弯曲半径 R>1 500 m~~
	~~扭曲~~	~~轨端1 m内≤0.45 mm~~

表 3.4.2—3 钢轨表面缺陷深度允许偏差

表面缺陷类别	允许偏差
~~热轧状态下~~刮伤、轧痕、纵向线纹、折叠、氧化皮压入~~轧痕~~深度	~~轨头踏面~~:≤0.35 mm 其他部位:≤0.50 mm
冷态下形成的纵、横向划痕~~、碰伤~~深度	~~轨头踏面~~和轨底下表面:≤0.30 mm 其他部位:≤0.50 mm
~~表面缺陷修磨(最大允许修磨深度和修磨处数)~~	~~踏面:0.35 mm;其他部位:0.5 mm 每10 m可修磨一处~~

修改后条文

表 3.6.3—2 钢轨表面质量缺陷深度容许偏差(mm)

项目		容许偏差
在热状态下形成的钢轨磨痕、热刮伤、纵向线纹、折叠、氧化皮压入、轧痕等缺陷深度	钢轨走行面	≤0.35
	钢轨其他部位	≤0.5
在冷状态下形成的钢轨纵向及横向划痕等缺陷深度	钢轨走行面和轨底下表面(轨底下表面不应有横向划痕)	≤0.3
	钢轨其他部位	≤0.5

表 3.6.3—3 道岔用非对称断面钢轨平直度容许偏差

部位	项目		容许偏差
距轨端0～1.5 m	平直度	垂直方向(向上)	≤0.5 mm/1.5 m
		垂直方向(向下)	≤0.2 mm/1.5 m
		水平方向	≤0.7 mm/1.5 m
距轨端1～2.5 m	平直度	垂直方向	≤0.4 mm/1.5 m
		水平方向	≤0.6 mm/1.5 m
轨身	平直度	垂直方向	≤0.4 mm/3 m 和≤0.3 mm/1 m
		水平方向	≤0.6 mm/1.5 m

<table>
<tr><th>原条文</th><th>修改后条文</th><th>变动情况、理由</th></tr>
<tr><td></td><td>
表 3.6.3—4　道岔用非对称断面钢轨表面质量缺陷深度容许偏差
<table>
<tr><th colspan="2" rowspan="2">项目</th><th colspan="2">缺陷深度(mm)</th></tr>
<tr><th>60AT1</th><th>其他断面钢轨</th></tr>
<tr><td rowspan="2">在热状态下形成的钢轨磨痕、热刮伤、纵向线纹、折叠、氧化皮压入、轧痕等缺陷深度</td><td>钢轨走行面</td><td>≤0.5</td><td>≤0.35</td></tr>
<tr><td>钢轨其他部位</td><td>≤0.6</td><td>≤0.5</td></tr>
<tr><td rowspan="2">在冷状态下形成的钢轨纵向及横向划痕等缺陷深度</td><td>钢轨走行面和轨底下表面(轨底下表面不应有横向划痕)</td><td>≤0.4</td><td>≤0.3</td></tr>
<tr><td>钢轨其他部位</td><td>≤0.5</td><td>≤0.5</td></tr>
</table>
表 3.6.3—5　道岔护轨平直度及表面质量缺陷深度容许偏差
<table>
<tr><th>项目</th><th>平直度及缺陷深度</th></tr>
<tr><td>平直度</td><td>0.5 mm/1 m</td></tr>
<tr><td>在热状态下形成的热刮伤、纵向线纹、折叠、氧化皮压入、轧痕等缺陷深度</td><td>0.5 mm</td></tr>
<tr><td>在冷状态下形成的划痕、碰伤(表面不应有裂纹)</td><td>0.5 mm</td></tr>
</table>
</td><td></td></tr>
<tr><td>
第 3.4.4 条　钢轨(含道岔、调节器和胶接绝缘接头用轨)伤损~~形式、分类与评判标准~~。
一、钢轨伤损形式主要有轨头磨耗、~~轨头剥离裂纹~~及掉块、~~轨顶面~~擦伤、波形磨耗、表面裂纹、内部裂纹和锈蚀等。
</td><td>
第 3.6.4 条　钢轨(含道岔、调节器和胶接绝缘接头用轨)伤损。
一、钢轨伤损形式主要有轨头磨耗、轨头接触疲劳裂纹(又称鱼鳞纹)及掉块、擦伤、波形磨耗(以下简称波磨)、硌伤、表面裂纹、内部裂纹和锈蚀等。
</td><td>
1. 根据《高速铁路线路维修关键技术指标优化研究》成果,完善了钢轨剥离掉块、擦伤、波磨等轻伤和重伤标准,提高了钢轨伤损判别的科学性和适用性。
</td></tr>
</table>

原条文

二、钢轨伤损按程度分为轻伤、重伤和折断三类。

1. 钢轨轻伤和重伤评判标准见表3.4.4—1、表3.4.4—2和表3.4.4—3。

表3.4.4—1 钢轨轻伤和重伤评判标准

伤损项目	伤损程度		备注
	轻伤	重伤	
钢轨头部磨耗	磨耗量超过表3.4.4—2所列限度之一者	磨耗量超过表3.4.4—3所列限度之一者	
~~轨顶面擦伤~~	~~200～250 km/h：深度大于0.5 mm~~	~~200～250 km/h：深度大于1 mm~~	
	~~250(不含)～350 km/h：深度大于0.35 mm~~	~~250(不含)～350 km/h：深度大于0.5 mm~~	
~~剥离掉块~~	—	~~有~~	
波形磨耗	—	~~谷深≥0.2 mm~~	
焊接接头低塌	0.2 mm＜低塌~~＜0.4 mm~~	低塌~~≥0.4 mm~~	1 m直尺测量
钢轨表面裂纹	—	~~出现~~轨头下颚水平裂纹（透锈）、轨腰水平裂纹、轨头纵向裂纹、轨底裂纹等	不含轮轨接触疲劳引起轨顶面表面或近表面的鱼鳞裂纹
~~超声波探伤缺陷~~ ~~焊接及材质缺陷~~	~~焊接缺陷或钢轨内部材质缺陷~~未达到判废标准，但与判废标准差值小于6 dB	~~焊接缺陷或钢轨内部材质缺陷~~达到判废标准	
~~超声波探伤缺陷~~ 内部裂纹	—	横向、纵向、斜向及其他裂纹和内部裂纹造成的踏面凹陷（隐伤）	
钢轨锈蚀	—	经除锈后，轨底厚度不足8 mm或轨腰厚度不足12 mm	

~~注：谷深为相邻波峰与波谷间的垂直距离。~~

修改后条文

二、钢轨伤损按程度分为轻伤、重伤和折断三类。

1. 钢轨轻伤和重伤标准见表3.6.4—1、表3.6.4—2。

表3.6.4—1 钢轨轻伤和重伤标准

伤损项目	伤损程度		备注
	轻伤	重伤	
钢轨头部磨耗	见表3.6.4—2		
钢轨表面裂纹	—	轨头下颚水平裂纹（透锈）、轨腰水平裂纹、轨头纵向裂纹、轨底裂纹等	不含轮轨滚动接触疲劳引起轨顶面表面或近表面的鱼鳞裂纹
钢轨内部裂纹	—	探伤发现横向、纵向、斜向及其他裂纹和内部裂纹造成的踏面凹陷（隐伤）	包括核伤（黑核、白核）
焊缝缺陷	在役焊缝缺陷未达到超声波探伤判废标准，但与判废标准差值小于6 dB	在役焊缝缺陷达到超声波探伤判废标准	判废标准执行TB/T 1632.1
钢轨锈蚀	—	经除锈后，轨底厚度不足8 mm或轨腰厚度不足12 mm	
波磨	—	波长不大于300 mm时，平均谷深大于0.08 mm；波长大于300 mm时，谷深大于或等于0.2 mm	
焊接接头低塌	0.2 mm＜低塌≤0.4 mm	低塌＞0.4 mm	1 m直尺或钢轨平直度测量仪测量矢度
钢轨擦伤、剥离掉块	0.3 mm＜深度≤1 mm	深度＞1 mm	
钢轨硌伤	0.3 mm＜深度≤1.5 mm	深度＞1.5 mm	

变动情况、理由

（1）修改了钢轨剥离掉块标准。原钢轨剥离掉块"有"就是重伤，标准太严，既不经济、又难于执行，根据高速铁路多年维护经验明确了标准值，便于现场执行。

（2）修改了擦伤标准。擦伤标准与列车速度相关性不大，因此不再区分速度等级，使标准简单宜行。

（3）修改了波磨重伤标准。我国高速铁路常见波磨波长为30～100 mm和100～300 mm，当谷深大于0.08 mm时，动车组通过钢轨波磨地段轮轨间的高频振动与弹条产生共振，会造成弹条折断。根据多年实践，按波长进行波段划分，按谷深值确定重伤，更加符合实际情况。

（4）增加了钢轨硌伤标准。根据高速铁路多年运营经验，钢轨硌伤占比较

原条文

表 3.4.4—2　钢轨头部磨耗轻伤标准（mm）

名称	总磨耗	垂直磨耗	侧面磨耗
~~区间~~钢轨~~、导轨~~	9	8	10
基本轨、翼轨	7	6	8
尖轨、心轨、叉跟尖轨	6	4	6

注：①总磨耗 = 垂直磨耗 + 1/2 侧面磨耗。

②对于导轨、翼轨及尖轨、心轨、叉跟尖轨全断面区段，垂直磨耗在钢轨顶面宽 1/3 处（距标准工作边）测量；对于尖轨、心轨、叉跟尖轨机加工区段，垂直磨耗~~自~~轨头最高点测量。

③侧面磨耗在钢轨踏面（按标准断面）下 16 mm 处测量。

④磨耗影响转换设备安装时，按重伤处理。

~~⑤基本轨、翼轨、尖轨、心轨磨耗会影响密贴及轨件高差，磨耗的轻重伤标准应较区间钢轨严格。~~

表 3.4.4—3　钢轨头部磨耗重伤标准（mm）

名称	垂直磨耗	侧面磨耗
~~区间~~钢轨~~、导轨~~	10	12
基本轨、翼轨	8	~~10~~
尖轨、心轨、叉跟尖轨	6	8

2. 钢轨折断标准

钢轨折断是指发生下列情况之一者：

（1）钢轨全截面断裂；

（2）裂纹贯通整个轨头截面；

（3）裂纹贯通整个轨底截面；

（4）钢轨顶面上有长度大于 30 mm 且深度大于 5 mm 的掉块。

修改后条文

表 3.6.4—2　钢轨头部磨耗轻伤和重伤标准

名称		轻伤			重伤	
		总磨耗（mm）	垂直磨耗（mm）	侧面磨耗（mm）	垂直磨耗（mm）	侧面磨耗（mm）
钢轨		9	8	10	10	12
基本轨、翼轨、导轨		7	5	6	7	8
尖轨、心轨、叉跟尖轨	轨头宽度 10 mm 断面	—	—	2.5	—	3.5
	轨头宽度 15 mm 及以上断面	6	4	6	6	8

注：①总磨耗 = 垂直磨耗 + 1/2 侧面磨耗。

②钢轨及道岔导轨、基本轨、翼轨、尖轨、心轨、叉跟尖轨全断面区段，垂直磨耗在钢轨顶面宽 1/3 处（距标准工作边）测量；尖轨、心轨、叉跟尖轨机加工区段，垂直磨耗在轨头最高点测量；翼轨，对应心轨实际尖端至翼轨光带末端范围内垂直磨耗在光带中心处测量。

③侧面磨耗在钢轨踏面（按标准断面）下 16 mm 处测量。

④磨耗影响转换设备安装时，按重伤处理。

2. 钢轨折断标准

钢轨折断是指发生下列情况之一者：

（1）钢轨全截面断裂；

（2）裂纹贯通整个轨头截面；

（3）裂纹贯通整个轨底截面；

（4）钢轨顶面有长度大于 30 mm 且深度大于 5 mm 的掉块。

变动情况、理由

高，如果不及时处理，会发展成重伤，影响运营安全。为满足现场处理需要，增加了该标准。

2. 根据《道岔钢轨头部磨耗限值》（工电线路函〔2021〕88 号），修订了导轨、尖轨、心轨、叉跟尖轨钢轨头部磨耗轻伤和重伤标准。

（1）统一了导轨与基本轨、翼轨磨耗标准。导轨与基本轨、翼轨焊接在一起，钢轨头部磨耗接近，因此将导轨与基本轨、翼轨磨耗标准统一。

（2）修订了基本轨、翼轨、导轨磨耗标准。基本轨、导轨磨耗以后，需依靠扣件对道岔几何尺寸进行调整，以满足平顺性要求；根据道岔扣件调整量限制值，修改了基本轨、翼轨、导轨磨耗标准，使其符合现场实际需要。

原条文	修改后条文	变动情况、理由
		(3)增加了尖轨、心轨、叉跟尖轨轨头宽度10 mm断面磨耗标准。原标准未区分不同轨头宽度断面,不适合较小断面磨耗的评判。为了保证轨头宽度10 mm及以下断面尖轨、心轨、叉跟尖轨的使用安全,增加了轨头宽度10 mm断面磨耗轻伤和重伤标准。
第3.6.5条 扣件出现以下不良状态或伤损,应进行修理或更换: 一、零部件损坏。 二、预埋套管损坏。 三、有螺栓弹条(弹条Ⅴ型)紧固状态弹条中肢前端离缝超过1 mm。 四、无螺栓弹条(弹条Ⅳ型、FC型)不能保持应有的扣压力。 五、橡胶垫板压溃或变形(两侧压宽合计:厚度为10 mm的橡胶垫板超过20 mm)丧失作用,~~橡胶垫片损坏时,应进行更换。~~	**第3.7.5条** 高速铁路有砟轨道扣件出现以下不良状态或伤损,应进行修理或更换: 一、零部件损坏、缺失或安装不正确。 二、预埋套管或预埋铁座损坏。 三、有螺栓弹条(弹条Ⅴ型)紧固状态弹条中肢前端离缝超过1 mm。 四、无螺栓弹条(弹条Ⅳ型、FC型)不能保持应有的扣压力。 五、轨距挡板严重磨损,钢轨与轨距挡板、轨距挡板与承轨槽挡肩单边间隙超过2 mm。	有砟轨道扣件不良状态或伤损增加了:(1)螺栓、弹条等严重锈蚀;(2)橡胶垫板静刚度超过120 kN/mm;(3)轨下垫板窜出。

原条文	修改后条文	变动情况、理由
六、轨距挡板严重磨损，钢轨与轨距挡板、轨距挡板与承轨槽挡肩离缝超过 2 mm。（★）	六、螺栓、弹条等严重锈蚀。 七、橡胶垫板压溃或变形（厚度 10 mm 的橡胶垫板两侧压宽合计超过 20 mm）丧失作用，橡胶垫板损坏。 八、橡胶垫板静刚度超过 120 kN/mm。 九、轨下垫板窜出。	
	第 3.7.6 条　弹条Ⅱ型、弹条Ⅲ型扣件应保持齐全，位置正确，按标准要求进行铺设和维修，确保作用良好。 Ⅱ型弹条安装时，使弹条中部前端下颚与轨距挡板接触，离缝不应大于 1 mm，参考扭矩为 100 ~ 120 N · m；日常保持离缝不应大于 2 mm，扣件松弛时应及时复拧。 Ⅲ型弹条小圆弧内侧与预埋铁座端部相距 8 ~ 10 mm，弹条初装扣压力不应小于 9 kN，日常保持弹条扣压力不应小于 8 kN。 客货共线有砟轨道小阻力扣件，弹条安装时，使弹条中部前端下颚与钢轨刚好接触，离缝不应大于 1 mm，参考扭矩为 70 ~ 90 N · m；日常保持离缝不应大于 2 mm，扣件松弛时应及时复拧。	增加了弹条Ⅱ型、Ⅲ型扣件以及客货共线有砟轨道小阻力扣件维修要求。

原条文	修改后条文	变动情况、理由
	第3.7.7条 弹条Ⅱ型、弹条Ⅲ型扣件以及客货共线有砟轨道小阻力扣件伤损达到以下标准,应有计划地修理或更换: 一、螺旋道钉折断、浮起,螺帽或螺杆丝扣损坏,严重锈蚀。 二、垫圈损坏或作用不良。 三、弹条损坏或不能保持应有的扣压力。 四、轨距挡板严重磨损、锈蚀,轨距挡板前后离缝超过2 mm。 五、挡板座损坏或作用不良。 六、预埋铁座损坏。 七、橡胶垫板压溃或变形(厚度10 mm的橡胶垫板两侧压宽合计超过20 mm)丧失弹性缓冲作用。小阻力扣件使用的复合垫板,橡胶与不锈钢片分离。 八、轨下垫板窜出。	增加了弹条Ⅱ型、Ⅲ型扣件以及客货共线有砟轨道小阻力扣件伤损修理或更换标准。
第3.5.6条 扣件出现以下不良状态或伤损,应进行修理或更换: 一、零部件损坏; 二、预埋套管损坏; 三、锚固螺栓扭矩(WJ-7型、SFC型)不满足要求;	**第3.7.13条** 无砟轨道扣件出现以下不良状态或伤损,应进行修理或更换: 一、零部件损坏、缺失或安装不正确。 二、预埋套管损坏。 三、锚固螺栓(WJ-7型、SFC型)扭矩不满足要求。	无砟轨道扣件不良状态或伤损增加了:(1)螺栓、弹条、铁垫板、铸铁底板严重锈蚀;(2)轨下垫板窜出。 将原来的"弹性垫板静

原条文	修改后条文	变动情况、理由
四、有螺栓弹条（WJ-7 型、WJ-8 型、W300-1 型扣件）紧固状态弹条中肢前端离缝超过 1 mm； 五、无螺栓弹条（SFC 型扣件）不能保持应有的扣压力； ~~六、弹性垫板静刚度超过设计上限的 25%~~。	四、有螺栓弹条（WJ-7 型、WJ-8 型、W300-1 型扣件）紧固状态弹条中肢前端间隙超过 1 mm。 五、无螺栓弹条（SFC 型扣件）不能保持应有的扣压力。 六、螺栓、弹条、铁垫板、铸铁底板严重锈蚀。 七、弹性垫板静刚度超过 60 kN/mm（其中客货共线铁路弹性垫板静刚度超过 80 kN/mm）。 八、轨下垫板窜出。	刚度超过设计上限的 25%”修改为“弹性垫板静刚度超过 60 kN/mm（其中客货共线铁路弹性垫板静刚度超过 80 kN/mm）”。
第 3.6.2 条　查照间隔（心轨工作边至护轨头部外侧的距离）不得小于 1 391 mm，测量位置~~按设计图纸规定。~~	**第 3.8.2 条**　道岔查照间隔（辙叉心工作边至护轨头部外侧的距离）不得小于 1 391 mm，测量位置为心轨顶宽 20 ~ 30 mm 断面处。	明确道岔查照间隔测量位置为心轨顶宽 20 ~ 30 mm 断面处。
第 3.6.3 条　护轨轮缘槽宽度为 42 mm，容许误差为 –1 ~ +3 mm，斥离尖轨非工作边与基本轨工作边的最小距离不小于 ~~63 mm~~。	**第 3.8.3 条**　道岔各部轮缘槽宽度应符合设计要求。 一、护轨平直部分轮缘槽标准宽度为 42 mm，容许偏差为 $^{+3}_{-1}$ mm；缓冲段末端轮缘槽宽度不小于 65 mm。 二、斥离尖轨非工作边与基本轨工作边的最小距离不小于 65 mm 与轨距加宽值之和。	增加了“缓冲段末端轮缘槽宽度不小于 65 mm”。根据《高速铁路无砟轨道道岔铺设技术条件》《高速铁路有砟轨道道岔铺设技术条件》将斥离尖轨非工作边与基本轨工作边的最小距离，由原来的“不小于 63 mm”修改为“不小于 65 mm 与轨距加宽值之和”。

原条文	修改后条文	变动情况、理由
第3.6.5条 尖轨、心轨、叉跟尖轨出现以下不良状态或伤损,应进行修理或更换: 一、尖轨尖端与基本轨或可动心轨尖端与翼轨间隙大于1 mm,短心轨与叉跟尖轨尖端间隙大于1.5 mm。 二、尖轨、可动心轨侧弯,造成轨距不符合要求,或尖轨与基本轨、可动心轨与翼轨间隙超过2 mm。 三、尖轨、可动心轨拱腰,造成与滑床台间隙超过2 mm。 四、尖轨相对于基本轨降低值、心轨相对于翼轨降低值偏差超过1 mm,且对行车平稳性有影响。 五、尖轨与心轨因扭转或磨耗等原因造成光带异常,且对行车平稳性有影响。 六、其他伤损达到钢轨轻伤标准。	**第3.8.6条** 尖轨、心轨、叉跟尖轨出现以下不良状态或伤损,应及时进行修理或更换: 一、尖轨尖端至第一牵引点与基本轨或可动心轨尖端至第一牵引点与翼轨间隙大于1 mm,尖轨与基本轨、可动心轨与翼轨其他密贴段间隙超过2 mm。叉跟尖轨尖端与短心轨间隙大于1.5 mm。 二、尖轨、可动心轨侧弯造成轨距不符合要求。 三、尖轨、可动心轨拱腰造成与滑床台间隙超过2 mm。 四、尖轨相对于基本轨降低值、心轨相对于翼轨降低值偏差超过1 mm,且对行车平稳性有影响。 五、尖轨与心轨因扭转或磨耗等原因造成光带异常,且对行车平稳性有影响。 六、尖轨、心轨、叉跟尖轨头部磨耗达到重伤标准,其他伤损达到钢轨轻伤标准。	增加了:尖轨、心轨、叉跟尖轨头部磨耗达到重伤标准,应及时进行修理或更换。

原条文	修改后条文	变动情况、理由
第 3.6.6 条　基本轨、翼轨、导轨和护轨出现以下不良状态或伤损，应进行修理或更换： 一、弯折点位置或弯折尺寸不符合要求。 二、高锰钢摇篮出现裂纹。 三、其他伤损达到钢轨轻伤标准。	**第 3.8.7 条**　基本轨、翼轨、导轨出现以下不良状态或伤损，应及时进行修理或更换： 一、弯折点位置或弯折尺寸不符合要求。 二、高锰钢摇篮出现裂纹。 三、道岔钢轨轨底上表面压痕深度大于等于 0.5 mm。 四、基本轨、翼轨、导轨头部磨耗达到重伤标准，其他伤损达到钢轨轻伤标准。	增加了应及时进行修理或更换的不良状态或伤损：(1)道岔钢轨轨底上表面压痕深度大于等于 0.5 mm。(2)基本轨、翼轨、导轨头部磨耗达到重伤标准。
第 3.6.8 条　~~道岔扣件系统及其零部件应满足以下要求：~~ ~~一、道岔扣件系统安装与调整应符合铺设图要求，各零部件应保持齐全，作用良好。~~ ~~二、应使用铁路专用防腐油脂定期对螺栓涂油，螺栓保持润滑状态。~~ 三、扣件有以下伤损情况，应及时更换： 1. 岔枕螺栓、T 型螺栓折断或严重锈蚀。 2. 调高垫板损坏。 3. 弹性铁垫板或弹性基板的橡胶与铁件严重开裂。 4. 弹条、弹性夹、拉簧、弹片等损坏或不能保持应有的扣压力。~~弹性夹离缝、弹片与滑床板挡肩离缝、挡板前后离缝大于 2 mm。~~	**第 3.8.10 条**　道岔扣件系统及零配件有以下伤损情况，应及时更换： 一、岔枕螺栓、T 型螺栓折断或严重锈蚀。 二、调高垫板损坏。 三、弹性铁垫板（弹性基板）的底部橡胶与铁件严重开裂。 四、弹条、弹性夹、拉簧、弹片等损坏或不能保持应有的扣压力。 五、轨距块、挡板、缓冲调距块、偏心锥等严重磨损。 六、套管失效。 七、垫板、滑床板、护轨垫板折断或焊缝开裂。 八、滑床板损坏、变形或滑床台磨耗大于 3 mm。	道岔应及时更换的情况增加了"无砟道岔弹性铁垫板（弹性基板）静刚度超过 60 kN/mm、有砟道岔弹性铁垫板静刚度超过 120 kN/mm"。

原条文	修改后条文	变动情况、理由
5.轨距块、挡板、缓冲调距块、偏心锥等严重磨损。 6.套管~~失去固定螺栓的能力~~。 7.垫板、滑床板、护轨垫板的焊缝开裂。 8.滑床板损坏、变形或滑床台磨耗大于3 mm。 ~~9.弹性垫板静刚度值超过设计上限的25%~~。 ~~四、不得对转辙器滑床台涂油,辙叉滑床台可涂固体润滑剂。各部位螺栓涂油时不得污染橡胶垫板、弹性铁垫板和弹性基板。~~	九、橡胶垫板、弹性铁垫板(弹性基板)压溃、变形或作用不良。 十、无砟道岔弹性铁垫板(弹性基板)静刚度超过60 kN/mm、有砟道岔弹性铁垫板静刚度超过120 kN/mm。	
	第3.8.12条 对于CN道岔尖轨辊轮CZr3e-11-00及CZr2e-11-00,尖轨处于斥离状态时,尖轨轨底与滑床台板之间的间隙为0.7~3 mm,尖轨处于密贴状态时,尖轨轨底与滑床台板之间的间隙为0.5~1.0 mm。	增加了CN道岔尖轨辊轮CZr3e-11-00及CZr2e-11-00尖轨轨底与滑床台板之间的间隙要求。
第3.6.10条 其他零部件应满足以下要求: 一、~~其他零~~部件安装应符合~~铺设图~~要求,缺少时应及时补充。 二、应~~使用铁路专用防腐油脂~~定期对螺栓涂油,~~螺栓保持润滑状态。~~	**第3.8.13条** 其他零部件应满足以下要求: 一、部件安装应符合设计要求,缺少时应及时补充,并保持状态良好。 二、应定期对螺栓涂油,油脂性能应符合相关规定。	增加了:顶铁与轨腰间隙大于2.5 mm或轨撑与钢轨接触面间隙大于2 mm,应有计划地修理或更换。

<table>
<tr><th>原条文</th><th>修改后条文</th><th>变动情况、理由</th></tr>
<tr><td>三、间隔铁、限位器的联结螺栓、护轨螺栓、长短心轨联结螺栓、接头铁螺栓必须齐全，作用良好，折断时必须立即更换。同一部位同时有两条螺栓或接头铁螺栓有一条缺少或折损时，道岔应停止使用。

~~四、顶铁、心轨防跳铁、尖轨防跳限位装置等各部件的联结和固定螺栓变形、损坏或作用不良时应进行修理或更换。~~

~~五、尖轨防跳限位装置、心轨防跳顶铁和心轨防跳卡铁损坏或作用不良时应进行修理或更换。~~</td><td>三、间隔铁及限位器的联结螺栓、护轨螺栓、长短心轨联结螺栓、接头铁螺栓必须齐全，作用良好，折断时必须立即更换。同一部位同时有两个螺栓缺少或折损，或接头铁螺栓有一个缺少或折损时，道岔应停止使用。

四、顶铁、防跳卡铁、尖轨及心轨防跳限位装置等各部件以及联结和固定螺栓变形、损坏或作用不良时，应进行修理或更换。

五、顶铁与轨腰间隙大于 2.5 mm 或轨撑与钢轨接触面间隙大于 2 mm，应有计划地修理或更换。</td><td></td></tr>
<tr><td></td><td>第 3.8.14 条 道岔护轨侧面磨耗分轻伤和重伤两类，见表 3.8.14，护轨侧面磨耗达到重伤应及时更换。

表 3.8.14 护轨侧面磨耗轻伤和重伤标准
<table><tr><th>道岔直向允许通过速度(km/h)</th><th>轻伤(mm)</th><th>重伤(mm)</th></tr><tr><td>$v_{max}>120$</td><td>8</td><td>10</td></tr></table>注：磨耗在平直段中点量取。</td><td>根据《道岔钢轨头部磨耗限值》(工电线路函〔2021〕88 号)，增加了护轨侧面磨耗轻伤和重伤标准。</td></tr>
</table>

原条文	修改后条文	变动情况、理由
第3.6.13条 调节器用钢轨、扣件及其他零部件制造、组装、吊装、运输、储存、~~铺设及养护维修~~技术要求应符合~~《时速350公里客运专线无砟轨道60 kg/m钢轨伸缩调节器暂行技术条件》规定~~。	**第3.8.16条** 调节器技术参数、性能和配置应符合设计要求。调节器用钢轨、扣件及其他零部件制造、组装、吊装、运输、储存等技术要求应符合相关技术标准的要求。	调节器有多个标准，且有的正在修订中，因此未一一列出。
第3.6.14条 调节器应满足以下技术要求： 一、平面曲线和竖曲线地段不得设置调节器。 ~~二、在桥梁中部设置双向调节器时，温度跨度不宜超过200 m，宜将双向尖轨的对称中心设置在连续梁中部固定支座上方。~~ 三、调节器基本轨始端和尖轨跟端焊接接头位置距梁缝不应小于2 m。 ~~四、接续线钻孔位置应避开基本轨伸缩范围。~~ ~~五、单向调节器应加强尖轨及其后50～100 m范围内钢轨锁定，双向调节器应加强尖轨范围锁定。~~ ~~六、调节器及其前后线路扣件类型和螺栓扭矩应符合设计要求。调节器扣件铁垫板锚固~~	**第3.8.17条** 调节器、梁端伸缩装置结构及几何尺寸应符合设计要求，布置应满足以下技术要求： 一、平面曲线和竖曲线地段不得设置调节器。 二、调节器尖轨尖端应朝向距离最近的梁缝布置，基本轨跨越梁缝布置并延伸至相邻梁上。调节器尖轨尖端至梁缝范围应采用配套的可滑动扣件，基本轨始端至与其最近的梁端范围内，基本轨采用常阻力扣件，其余范围的基本轨采用可滑动扣件。 三、当梁缝设置梁端伸缩装置时，采用调节器与上承式伸缩装置一体化布置，梁端伸缩装置按设计采用配套扣件。 四、调节器基本轨始端和尖轨跟端焊接接头位置距梁端不应小于2 m。	对调节器、梁端伸缩装置的技术要求进行了补充、细化；本条删除了“在桥梁中部设置双向调节器时，温度跨度不宜超过200 m，宜将双向尖轨的对称中心设置在连续梁中部固定支座上方”，该款已不再适用。

原条文	修改后条文	变动情况、理由
~~螺栓扭矩为300～350 N·m，尖轨螺栓扭矩为400～500 N·m，基本轨轨撑螺栓扭矩为300～350 N·m。~~		
	第3.8.18条　调节器、梁端伸缩装置扣件系统及联结零件安装与维护应符合以下要求： 一、调节器扣件系统及联结零件安装与调整，以及基本轨、梁端伸缩装置纵梁（联结钢梁）的可滑动部位与联结件间隙等应符合设计要求。 二、应定期对螺栓涂油，油脂性能应符合相关规定。 三、调节器扣件系统及剪刀叉（剪刀装置）螺母扭矩应符合设计要求，并做好润滑，定期对扣件系统和剪刀叉（剪刀装置）状态进行检查，确保状态良好。 四、电务塞钉孔位置应避开基本轨伸缩范围，连接导线长度应满足基本轨最大伸缩要求。连接导线应连接牢靠。塞钉孔应倒棱，尺寸为0.5～1.0 mm，角度45°。有砟轨道调节器连接导线的混凝土固定块不应影响捣固作业。 五、扣件系统及联结零件有以下情况时，应及时更换： 1. 轨撑螺栓、T型螺栓折断或严重锈蚀。	细化了调节器、梁端伸缩装置扣件系统及联结零件安装与维护要求，强调了调节器扣件及联结零件系统润滑、间隙、更换以及塞钉孔倒棱等相关要求，以确保调节器伸缩功能处于正常状态。

原条文	修改后条文	变动情况、理由
	2. 弹条损坏或不能保持应有的扣压力。 3. 轨距块、挡板、可滑动扣件铁垫板、缓冲调距块(偏心锥)等严重磨损。 4. 混凝土枕预埋套管、钢枕绝缘套管失效。 5. 垫板折断、压溃、失效。	
	第 3.8.19 条 调节器尖轨、基本轨出现以下不良状态或伤损,应进行修理或更换: 一、尖轨相对于基本轨降低值偏差超过 1 mm,且对行车平稳性有影响。 二、尖轨、基本轨的光带异常,且对行车平稳性有影响。 三、尖轨爬行超出设计要求或基本轨伸缩异常。 四、顶面出现肥边、擦伤。 五、尖轨轨头切削范围内与基本轨轨头间隙:尖轨尖端至尖轨 5 mm 断面范围内大于 0.5 mm 或其余部位大于 1.0 mm。 六、尖轨、基本轨头部磨耗达到重伤标准,其他伤损达到钢轨轻伤标准。 七、护轨与尖轨(基本轨)间净距偏差超过 10 mm,护轨高于尖轨(基本轨)5 mm 或低于尖轨(基本轨)25 mm。	本条比照道岔新增。

原条文	修改后条文	变动情况、理由
第 3.7.2 条　无缝线路锁定轨温应符合以下技术要求： 一、无缝线路设计锁定轨温按下式计算确定： $$T_s = \frac{T_{max} + T_{min}}{2} \pm \Delta T_k$$ 式中　T_s——设计锁定轨温； ΔT_k——设计锁定轨温修正值，一般取 0～5 ℃； T_{max}——最高轨温，取历年最高气温加 20 ℃； T_{min}——最低轨温，取历年最低气温。 二、无缝线路相邻单元轨节之间锁定轨温之差不应大于 5 ℃，同一区间内单元轨节最高与最低锁定轨温之差不应大于 10 ℃；左右股钢轨锁定轨温之差~~不应大于 3 ℃~~。	**第 3.9.2 条**　无缝线路锁定轨温应符合以下技术要求： 一、无缝线路设计锁定轨温按下式计算确定： 有砟轨道： $$T_e = \frac{T_{max} + T_{min}}{2} + \frac{[\Delta T_d] - [\Delta T_u]}{2} \pm \Delta T_k$$ 无砟轨道： $$T_e = \frac{T_{max} + T_{min}}{2} \pm \Delta T_k$$ 式中　T_e——设计锁定轨温（℃）； $[\Delta T_d]$——允许温降（℃）； $[\Delta T_u]$——允许温升（℃）； ΔT_k——设计锁定轨温修正值（℃），一般取 0～5 ℃； T_{max}——最高轨温（℃），取当地历年最高气温加 20 ℃； T_{min}——最低轨温（℃），取当地历年最低气温。 长隧道内无缝线路设计锁定轨温由设计根据实际情况确定。 二、无缝线路相邻单元轨节之间锁定轨温	根据运营维护经验，长隧道内与相邻地段气温相差较大，为更好地保持无缝线路结构稳定，增加了"长隧道内无缝线路锁定轨温由设计根据实际情况确定"，不受"同一区间单元轨节最高与最低锁定轨温之差不应大于 10 ℃"规定的限制。
第 3.8.2 条　无缝线路锁定轨温应符合以下技术要求： 一、无缝线路设计锁定轨温按下式计算： $$T_e = \frac{T_{max} + T_{min}}{2} + \frac{[\Delta T_d] - [\Delta T_u]}{2} \pm \Delta T_k$$		

原条文	修改后条文	变动情况、理由
式中 T_e——设计锁定轨温； $[\Delta T_d]$——允许温降； $[\Delta T_u]$——允许温升； ΔT_k——设计锁定轨温修正值，一般为0～5 ℃； T_{max}——最高轨温，取历年最高气温加20 ℃； T_{min}——最低轨温，取历年最低气温。 二、无缝线路相邻单元轨节之间锁定轨温之差不应大于5 ℃，同一区间内单元轨节最高与最低锁定轨温之差不应大于10 ℃；左右股钢轨锁定轨温之差~~不应大于3 ℃~~。（★）	之差不应大于5 ℃；同一区间单元轨节最高与最低锁定轨温之差不应大于10 ℃（长隧道除外）；左右股钢轨锁定轨温之差，允许速度160 km/h以上线路不应大于3 ℃，允许速度160 km/h及以下线路不应大于5 ℃。	
第3.7.3条 无缝线路钢轨焊接应满足以下技术要求： 一、钢轨焊接应按~~《钢轨焊接》（TB/T 1632）标准~~执行。 二、钢轨厂焊应采用固定闪光焊，现场焊应优先采用移动闪光焊，~~道岔、调节器焊接及伤损钢轨处理可采用铝热焊。~~ 三、钢轨焊接接头平直度应符合表3.7.3要求。	**第3.9.3条** 无缝线路钢轨焊接应满足以下技术要求： 一、钢轨焊接应按钢轨焊接标准（TB/T 1632.1～TB/T 1632.4）执行。 二、钢轨厂焊应采用固定闪光焊，现场焊应优先采用移动闪光焊或数控气压焊，道岔及调节器内钢轨焊接、道岔及调节器与相邻两端钢轨的焊连等可采用铝热焊。 三、钢轨焊接作业后接头平直度应符合表3.9.3要求。	根据钢轨焊接标准（TB/T 1632.1～TB/T 1632.4），将钢轨焊接接头按厂焊接头、现场焊接头（闪光/气压焊、铝热焊）进行了细分，并修改了相应的平直度标准。

原条文

表 3.7.3　钢轨焊接接头平直度标准

部位	平直度要求		说明
	~~200 km/h~~	~~200(不含)~350 km/h~~	
轨顶面(mm/1 m)	~~+0.3 0~~	~~+0.2 0~~	“+”表示凸出
轨头内侧工作面(mm/1 m)	~~+0.3 −0.3~~	~~+0.3 0~~	“+”表示凹进
~~轨底面(mm)~~	+0.5 0	~~+0.5 0~~	“+”表示焊筋凸出

注：平直度以焊缝为中心进行测量。

四、焊接接头位置应符合以下要求：

1. 左右股单元轨节锁定焊接头相错量不宜超过 100 mm。

~~2. 由道岔前端和辙叉跟端接头焊缝确定的道岔全长偏差不得超过 ±20 mm。~~

3. 铝热焊焊缝距~~承轨台~~边缘不得小于 100 mm。

4. ~~单元轨节起止点~~不应设置在不同轨道结构过渡段或不同线下基础过渡段范围。

修改后条文

表 3.9.3　钢轨焊接作业后接头平直度要求

部位	平直度要求			说明
	厂焊接头	现场焊接头		
		闪光/气压焊	铝热焊	
轨顶面(mm/1 m)	+0.3 +0.1	+0.2 0	+0.3 +0.1	“+”表示凸出
轨头内侧工作边(mm/1 m)	+0.2 −0.1	+0.3 0	+0.3 0	“+”表示凹进，使轨距增大；“−”表示凸出，使轨距减小
钢轨闪光焊、气压焊焊轨底面焊筋高度(mm)	0 ~ +0.5		—	“+”表示焊筋凸出

注：①厂焊接头在焊轨基地检验。
②平直度以焊缝为中心进行测量。

四、焊接接头位置应符合以下要求：

1. 左右股单元轨节锁定焊接头相错量不宜超过 100 mm。

2. 铝热焊焊缝距轨枕边缘不应小于 100 mm。

3. 现场焊接接头不应设置在不同轨道结构过渡段、不同线下基础过渡段、钢桁梁桥的伸缩纵梁上，且距桥台边墙和桥墩不应小于 2 m。

变动情况、理由

原条文	修改后条文	变动情况、理由
第3.7.5条 绝缘接头应满足以下技术要求： 一、绝缘接头应符合《铁路钢轨胶接绝缘接头技术条件》(TB/T 2975)规定。 二、左右两股钢轨绝缘接头应相对铺设，且绝缘接头轨缝绝缘端板距钢轨支承位置不宜小于100 mm。 三、胶接绝缘接头宜采用现场胶接，胶接绝缘接头与焊接接头间距不应小于20 m，道岔间困难条件下不应小于12 m。	**第3.9.4条** 绝缘接头应满足以下技术要求： 一、绝缘接头应符合《钢轨胶接绝缘接头》(TB/T 2975)规定。 二、钢轨端面与绝缘端板之间应密贴，间隙不应大于1 mm。 三、绝缘接头螺栓、夹板与扣件不得接触。 四、左右两股钢轨绝缘接头应相对铺设，且绝缘接头轨缝绝缘端板距承轨台边缘不宜小于100 mm。 五、胶接绝缘接头不宜设置在小阻力扣件地段，距桥台边墙和混凝土梁温度跨度80 m、钢梁温度跨度60 m及以上的梁端不宜小于2 m。 六、胶接绝缘接头宜采用现场胶接，胶接绝缘接头与焊接接头间距，正线不应小于20 m，道岔间困难条件下不应小于12 m，站线困难条件不应小于6 m，道岔按设计进行配轨。	根据养护维修经验，增加了相关规定。 根据现场胶接绝缘接头设置的实际，将胶接绝缘接头与焊接接头间距，由原来的“不应小于20 m，道岔间困难条件下不应小于12 m”修改为“正线不应小于20 m，道岔间困难条件下不应小于12 m，站线困难条件不应小于6 m，道岔按设计进行配轨”。

原条文	修改后条文	变动情况、理由
第3.7.8条　应做好无缝线路钢轨位移观测，位移观测可采用仪器观测或弦线测量。累计位移量出现异常时（锁定轨温变化超过5 ℃），工务段应及时查明原因，采取相应措施。无缝线路钢轨位移观测桩设置要求： 一、钢轨位移观测桩必须预先埋设牢固，均匀布置。桥梁地段应在固定支座上方设置。 二、区间钢轨位移观测桩间距不应大于500 m。 三、道岔及其前后设置7对钢轨位移观测桩：岔头、限位器（或间隔铁）、岔尾（含直、曲股）、道岔前后50 m和200 m处。岔区道岔间距大于50 m时设一对钢轨位移观测桩。 四、调节器及其前后设置6对钢轨位移观测桩：调节器两端及前后50 m和200 m处。双向调节器在中间增设1对。	**第3.9.7条**　应做好无缝线路钢轨位移观测，累计位移量出现异常时，应及时查明原因，采取相应措施。无缝线路钢轨位移观测桩的设置应满足以下要求： 一、区间钢轨位移观测桩按单元轨节等距离设置，且桩间距离不应大于500 m。 二、无缝道岔岔头、限位器（或间隔铁）、岔尾（含直、曲股），以及无缝道岔管理单元（一般车站咽喉区分为四个单元）两端道岔外方50 m、200 m处设置钢轨位移观测桩。 三、调节器在尖轨尖端、基本轨两端设置钢轨位移观测桩。 四、钢轨位移观测桩应预先埋设牢固，均匀布置，桥梁地段应在固定支座上方设置。	优化了道岔、调节器钢轨位移观测桩设置，以方便现场移观测桩设置与管理。将原来的“累计位移量出现异常时（锁定轨温变化超过5 ℃）”修改为“累计位移量出现异常时”。
第3.7.11条　无缝线路养护维修技术要求。 一、桥上无缝线路养护维修技术要求： 1. 按设计要求，保持扣件布置方式和扣件紧固程度。 2. 高温和低温季节，应加强连续梁活动端	**第3.9.10条**　无缝线路维修技术要求。 一、基本要求。 1. 无缝线路锁定轨温应准确，保持在设计锁定轨温范围内。 2. 有砟道床应保持均匀、饱满、密实，断面应符合规定，保证道床纵横向阻力。	细化了无缝线路养护维修基本技术要求，以进一步加强无缝线路日常养护维修管理，防止无缝线路胀轨和断轨事故的发生。

原条文	修改后条文	变动情况、理由
或桥台附近线路状态的检查，对位移超限处所及时进行调整，防止碎弯和断轨。 3. 温度跨度等于或大于 48 m 时，应加强梁端附近线路状态的检查。 二、对大坡道地段、列车制动地段无缝线路应加强检查和锁定，防止钢轨爬行和轨向变化。 三、应加强隧道口前后 100 m 线路检查，采取措施防止线路出现碎弯。	3. 按规定拧紧扣件，使扣件处于紧固状态，保持轨道框架刚度。小阻力扣件应按设计保持规定的扭矩。 4. 钢轨及焊接接头平直度应符合要求，及时整治钢轨硬弯及方向不良。 5. 轨下基础应保持稳定。 6. 无缝线路技术台账应准确、内容完整。 二、桥上无缝线路应按设计要求保持扣件布置方式和扣件紧固程度，尤其应加强温度跨度大的桥上无缝线路小阻力扣件维修。高温和低温季节，应加强调节器、梁端伸缩装置及连续梁活动端或桥台附近线路状态的检查，对位移超限处所及时进行调整，防止碎弯和断轨；温度跨度大于等于 48 m 时，应加强梁端附近无缝线路状态的检查。 三、对大坡道地段、列车制动地段无缝线路应加强检查和锁定，防止钢轨爬行和方向变化。 四、应加强隧道口前后 100 m 线路检查，采取措施防止线路出现碎弯。	

原条文	修改后条文	变动情况、理由
	第3.10.1条　有砟桥上设置护轨时应符合下列要求： 一、Ⅲ_{qa}、Ⅲ_{qc}型混凝土桥枕地段护轨应采用与基本轨同轨型或低一级的钢轨；Ⅲ型混凝土桥枕地段应采用比基本轨低一级的钢轨。 二、护轨与基本轨头部间净距为500 mm（梭头部位除外），容许偏差为$^{+10}_{-5}$ mm，当桥上设有调节器时，容许偏差为±10 mm。 三、护轨顶面不应高出基本轨顶面5 mm，也不应低于基本轨顶面25 mm。 四、护轨应伸出桥台挡砟墙以外，直轨部分长度不应小于5 m，然后弯曲交会于线路中心。弯轨部分沿线路中心线的长度不小于1.9 m，梭头尖端超出台尾的长度不小于2.0 m，其顶部应切成不陡于1∶1的斜面并联结密贴，梭头尖端悬出轨枕的长度不得大于5 mm，如图3.10.1所示。	桥梁护轨管理由桥梁专业移交线路专业，新增本条。

原条文	修改后条文	变动情况、理由
	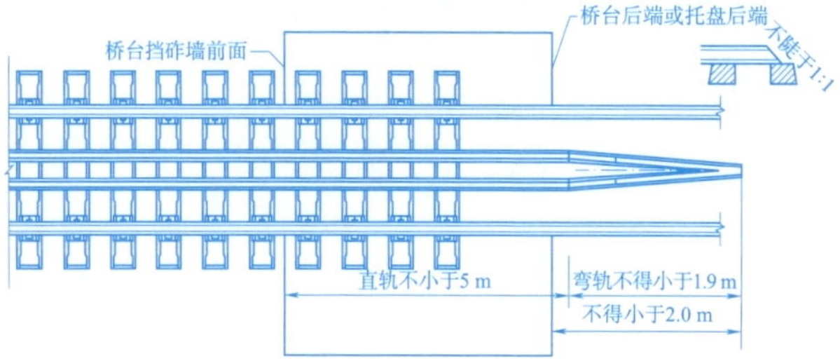 图 3.10.1　桥上护轨布置图 五、Ⅲ$_{qa}$、Ⅲ$_{qc}$型混凝土桥枕地段，扣板式扣件螺栓扭矩应为 30～50 N·m。既有采用Ⅲ型混凝土桥枕地段，当护轨下组装通长铁垫板时，铁垫板下可设厚度不小于 4 mm 的橡胶垫板，固定通长铁垫板的螺栓扭矩不应小于 80 N·m，扣板螺栓的扭矩应为 40～60 N·m。应定期对护轨扣件螺栓涂油。 六、自动闭塞区间，护轨应安装绝缘装置。当桥上线路中心设有应答器时，护轨应在应答器处按设计断开。 七、每股护轨接头安装 4 个螺栓，每端安装 2 个，螺母应安装在线路中心一侧。 八、调节器范围内的护轨应符合设计要求。	

原条文	修改后条文	变动情况、理由
	第 3.10.2 条　时速 200 km 及以上铁路的有砟与无砟轨道结构过渡段应设置与基本轨同类型的辅助轨，有砟无砟过渡段辅助轨设置应符合设计要求，辅助轨长度宜为 25 m（其中无砟轨道范围内约 5 m，有砟轨道范围内约 20 m），辅助轨的设置不应影响大型养路机械作业。辅助轨与基本轨头部间净距应符合设计要求，容许偏差为 ±10 mm；辅助轨顶面不应高出基本轨顶面 5 mm；辅助轨扣件应保持状态良好。	提出了有砟无砟过渡段辅助轨维护要求。
~~**第 3.8.1 条**　线路标志包括公里标、半公里标，信号标志（与工务有关的）包括警冲标。~~ ~~**第 3.8.2 条**　线路标志应设在本线列车运行方向的左侧。~~ ~~公里标和半公里标式样应符合规定，安设应牢固、可靠。有接触网支柱地段设置在距实际位置最近的接触网支柱上，隧道地段设置在边墙上，站内无接触网支柱地段按标准式样标注在站台侧面。公里标和半公里标实际位置应在钢轨轨腰或无砟轨道底座上做标识，标识位置应正确。~~	**第 3.11.1 条**　线路标志应按《铁路技术管理规程》和相关规范、标准进行设置，字体、字号符合要求，有别于接触网杆号等其他标志，便于司机瞭望确认。	高速铁路线路标志设置在接触网杆上，在防脱落的同时，还要求能够区别接触网杆号等其他标志，便于司机瞭望确认。

原条文	修改后条文	变动情况、理由
	第 3.11.4 条 里程射频标签布设每 5 km 不少于 1 对(单线 1 个),长大隧道、桥梁、曲线、分相区、进站信号机以及长短链、长期重点监测处所应就近布设。工务段、基础设施段负责里程射频标签的安装、检查、维护和管理。铁路基础设施检测中心负责里程射频标签的信息管理。里程射频标签射频指标应符合国家无线电管理相关规定。	增加了里程射频标签管理要求,以满足综合检测列车里程校准的需要。

第四章

线路设备检查

原条文	修改后条文	变动情况、理由
	第 4.1.4 条　基础设施段应结合专业特点和检查周期，统筹安排检查计划，尽量实现不同专业设备检查同步。	增加基础设施段的检查要求，强调了要统筹安排检查计划，尽量实现设备检查同步，以便充分利用资源。
	第 4.1.5 条　应加强线路设备动静态检查数据的综合分析，全面掌握设备状态和变化规律，以指导线路维修作业。积极采用基于动态检测数据的轨道变形分析系统，及时发现和处理轨下基础及轨道变形、线路冻胀等问题。	增加了动静态检查数据的综合分析、应用，以及积极采用基于动态检测数据的轨道变形分析系统的要求。
第 4.2.2 条　检查周期。 ~~一、综合检测列车每 10～15 天检查 1 遍~~。 二、动车组应安装车载式线路检查仪，每天对线路检查不少于 1 遍。 三、工务段应~~使用便携式线路检查仪~~添乘检查线路，~~每月不少于 2 遍。~~ 四、~~应~~采用巡检设备检查线路设备状态，~~每半年~~不少于 1 遍。	**第 4.2.1 条**　应采用综合检测列车、综合巡检车、巡检设备、车载式线路检查仪等移动检测设备对正线线路进行周期性检查。 一、综合检测列车轨道几何检测原则上每半月检查 1 遍，严寒地区冬季、CRTS Ⅱ型板式无砟轨道高温季节加密检测；轨道短波状态车辆动态响应检测每季 1 遍，车辆动力学检测每半年 1 遍。跨江河特大桥根据具体情况可采用综合检测列车或轨道检查车、综合巡检车等加密检测，具体办法由铁路局集团公司规定。 二、铁路局集团公司应在配属动车组安装	对线路动态检查周期进行了优化完善。 1. 严寒地区冬季、CRTS Ⅱ型板式无砟轨道高温季节要求综合检测列车加密检测；轨道短波状态车辆动态响应检测每季 1 遍，车辆动力学检测每半年 1 遍。跨江河特大桥根据具体情况可采用综合检测列车或轨道检查车、综合巡

原条文	修改后条文	变动情况、理由
	车载式线路检查仪，确保对线路覆盖检查每天不少于1遍，还应向途经线路的其他铁路局集团公司提供车载式检查仪报警信息。 三、工务段、基础设施段应添乘检查线路，每天不少于1遍，其中动车组走行线添乘检查周期由铁路局集团公司规定。 四、采用综合巡检车或巡检设备检查线路设备状态，每季不少于1遍。 五、综合检测列车检测未覆盖的线路，铁路局集团公司应采用轨道检查车、综合巡检车等进行检测，具体办法由铁路局集团公司规定。	检车等加密检测，综合检测列车检测未覆盖的线路，铁路局集团公司应采用轨道检查车或综合巡检车等方式进行检测。 2. 将原来的“工务段应使用便携式线路检查仪添乘检查线路，每月不少于2遍”修改为“工务段、基础设施段应添乘检查线路，每天不少于1遍，其中动车组走行线添乘检查周期由铁路局集团公司规定”。 3. 将原来的“应采用巡检设备检查线路设备状态，每半年不少于1遍”修改为“采用综合巡检车或巡检设备检查线路设备状态，每季不少于1遍”。

原条文	修改后条文	变动情况、理由
	第 4.2.2 条　铁路局集团公司主管工务副总经理、工务部主任、工务段段长(基础设施段工务专业主管副段长)应定期添乘检查管内线路。对管内高速铁路、客货共线铁路、城际铁路正线添乘检查,主管工务副总经理、工务部主任每半年不少于 1 遍,工务段段长(基础设施段工务专业主管副段长)每月不少于 1 遍。 其他人员的添乘检查要求由铁路局集团公司规定。	规定了铁路局集团公司主管工务副总经理、工务部主任、工务段段长(基础设施段工务专业主管副段长)添乘检查有关要求。
	第 4.2.3 条　对现场薄弱处所,工务段段长(基础设施段工务专业主管副段长)应重点加强添乘检查。	
第 4.2.3 条　综合检测列车检查报告。 一、检查发现Ⅲ级及以上偏差或车辆动力学指标超限时,~~检测单位~~应立即通知~~铁路局。~~ ~~二、检测单位应及时将检测报告提交给有关单位,并向铁道部提报月度和年度检测分析报告(含综合检测列车线路评分统计报告表)。~~ 三、~~综合检测列车对线路局部不平顺采用偏差扣分办法进行评定,对整体不平顺采用 TQI 进行评定。~~综合检测列车检查结果应分	**第 4.2.4 条**　综合检测列车检查报告。 一、检查发现Ⅲ级及以上偏差或车辆动力学指标超限时,铁路基础设施检测中心应立即通知铁路局集团公司。 二、铁路基础设施检测中心应于检测结束后 24 小时内将电子版综合检测日报提交被检单位和报送国铁集团工电部。 三、铁路基础设施检测中心对检查发现的Ⅲ级及以上偏差、车辆动力学指标超限、轨道短	增加了:铁路基础设施检测中心应对典型和共性问题进行专项分析,并形成分析报告报国铁集团工电部。

原条文	修改后条文	变动情况、理由
线、分段汇入综合检测列车线路评分统计报告表中。	波状态车辆动态响应超限应进行跟踪分析，纳入月度检测分析报告。综合检测列车检查结果应分线、分局统计汇总。 四、铁路基础设施检测中心应于15日前、1月底前向国铁集团提交上月和上年度检测分析报告。 五、铁路基础设施检测中心应对典型和共性问题进行专项分析，并形成分析报告报国铁集团工电部。	
第4.2.5条 对综合检测列车发现的Ⅲ级及以上偏差处所，应及时安排临时补修；对轨道质量指数(TQI)超过管理值的区段和超过经常保养偏差管理值的处所，应安排经常保养；对车辆动力学指标超限处所，应及时分析原因，安排整修；对Ⅳ级偏差处所，或Ⅲ级偏差且车辆动力学指标超限处所应立即限速，200～250 km/h线路限速不超过160 km/h，250（不含）～350 km/h线路限速不超过200 km/h，具体处理程序执行铁道部相关规定。	**第4.2.6条** 对综合检测列车发现的Ⅳ级偏差处所，或Ⅲ级偏差且车辆动力学指标超限处所应立即采取限速或封锁措施。采取限速措施时，250(不含)～350 km/h线路限速不超过200 km/h，250 km/h及以下线路限速不超过160 km/h，具体限速值依据偏差管理值确定。处理程序执行国铁集团相关规定。 对综合检测列车发现的Ⅲ级偏差或车辆动力学指标超限处所，应立即安排人员添乘检查，必要时上线检查，并分析原因、及时安排临时补修。 对轨道短波状态车辆动态响应超限处所，	细化了综合检测列车发现的Ⅲ、Ⅳ级偏差处所，或Ⅲ级偏差且车辆动力学指标超限处所，轨道短波状态车辆动态响应超限处所，轨道质量指数(TQI)超过Ⅱ级管理值的处理办法；超限严重时可封锁线路进行处理，以利于安全。

原条文	修改后条文	变动情况、理由
	应及时上线复核，根据复核结果分析原因安排整修。 对轨道质量指数(TQI)超过Ⅱ级管理值的单元，应纳入维修计划。	
第4.3.1条　工务段负责对线路设备进行周期性检查，并做好详细记录，掌握线路设备状态及变化规律，具体办法由铁路局规定。	**第4.3.1条**　积极采用先进的检查检测设备，不断提高线路检查质量和效率。工务段、基础设施段应采用轨道检查仪等对线路设备进行周期性检查，对基础变形等重点地段线路应采用轨道测量仪进行检测，并作好详细记录、存储(仪器检查的数据文件可作为检查记录)和分析，对检查发现的超过临时补修偏差管理值的处所应及时处理。具体办法由铁路局集团公司规定。 对现场薄弱处所，工务段应重点加强静态检查，具体办法由铁路局集团公司规定。 铁路局集团公司应充分发挥电务信号集中监测、道岔缺口监测系统的辅助检查作用，做好道岔动作电流和功率曲线、缺口监测信息分析，发现异常时及时上线检查确认是否发生断轨或爬行超限等问题，并做好处理，具体办法由铁路局集团公司规定。	细化了线路设备周期性检查要求。增加充分发挥电务信号集中监测、道岔缺口监测系统的辅助检查作用等规定。

<table>
<tr><th>原条文</th><th>修改后条文</th><th>变动情况、理由</th></tr>
<tr><td>第 4.3.2 条　轨道几何尺寸检查每年不少于 1 遍，重点地段应加强检查。~~对重点病害或轨道不平顺地段，应使用轨道测量仪、轨道检查仪进行检查。~~</td><td rowspan="2">第 4.3.2 条　正线轨道几何尺寸检查，无砟轨道每年不少于 1 遍、有砟轨道每半年不少于 1 遍，重点地段应加强检查。动车走行线、到发线线路几何尺寸检查每季不少于 1 遍，其他线路几何尺寸检查每半年不少于 1 遍。
一、工务段、基础设施段应安排专人负责安全生产管理信息系统的线路静态检查数据管理，及时准确录入线路静态周期检查计划、缺陷信息等生产数据。
二、线路静态检查缺陷信息原则上应在每次检查完成后 24 小时内录入安全生产管理信息系统，纳入生产闭环，实现缺陷销号管理。
三、铁路局集团公司应加强安全生产管理信息系统线路静态检查功能的运用和管理，督促及时录入线路静态检查缺陷，定期对周期线路检查完成情况、缺陷数据管理进行抽查、分析。</td><td rowspan="2">增加了动车走行线、到发线及其他线路几何尺寸检查要求。
增加了线路静态检查数据管理要求。</td></tr>
<tr><td>第 4.3.2 条　轨道几何尺寸检查每半年不少于 1 遍，重点地段应加强检查。~~对重点病害或轨道不平顺地段，应使用轨道测量仪、轨道检查仪进行检查。~~（★）</td></tr>
</table>

原条文	修改后条文	变动情况、理由
第 4.3.3 条　无砟道床静态检查内容及周期。 ~~一、每半年检查 1 遍。~~ ~~二、对未处理的Ⅱ级伤损处所每季度检查 1 遍。~~ 三、无砟道床静态检查内容及检查记录要求见附录一，伤损等级按本规则~~第 3.3.7 条~~进行判定。	**第 4.3.3 条**　无砟道床静态检查内容及周期。 一、每年检查不少于 1 遍，重点地段应加强检查。 二、高温和低温季节，应加强对 CRTS Ⅰ型板式无砟道床凸形挡台周围填充树脂离缝、底座伸缩缝离缝，CRTS Ⅱ型板式无砟道床板间接缝离缝、水泥乳化沥青砂浆充填层离缝，CRTS Ⅲ型板式无砟道床底座伸缩缝离缝，路基地段双块式无砟道床道床板离缝，以及其他受温度变化影响明显的无砟道床状态的检查。具体办法由铁路局集团公司规定。 三、无砟道床静态检查内容及检查记录要求见附录一，伤损等级按本规则第 3.4.8 条进行判定。	根据无砟道床的变化规律，无砟道床静态检查周期由原来的“每半年检查 1 遍”修改为“每年检查不少于 1 遍”；同时相应增加了高温和低温季节对无砟道床重点地段的检查要求，以进一步提高检查的科学性。
	第 4.3.4 条　有砟道床及轨枕每年检查不少于 1 遍，重点地段应加强检查。	本条为新增。增加了有砟道床及轨枕检查要求。

原条文

第 4.3.4 条 扣件系统静态检查内容和周期。

一、扣件系统检查内容和周期见表 4.3.4。

表 4.3.4 扣件检查内容和周期

序号	检查内容	检查周期
1	扣件安装状态、部件缺损~~、预埋套管~~等	每半年检查 1 遍
2	弹条紧固状态~~(WJ-7、WJ-8、W300-1 型扣件)~~	每半年检查 1 遍,~~每公里连续抽查 50 个~~
3	~~弹条扣压状态(SFC 型扣件)~~	~~每半年检查 1 遍,每公里连续抽查 50 个~~
4	钢轨与绝缘块(绝缘轨距块)、轨距挡板间隙	每半年~~检查 1 遍,每公里连续抽查 50 个~~
5	锚固螺栓扭矩(WJ-7、SFC 型扣件)	每半年检查 1 遍
6	弹性垫板刚度	每年抽检 1 次,~~抽检数量 3 块/50 km~~

二、线路开通前,应对扣件安装状态、部件缺损、预埋套管等全面检查,对弹条紧固状态和锚固螺栓扭矩全面查看、重点检测。~~应加强扣件弹性垫板刚度检查,分析其弹性衰减规律。~~

修改后条文

第 4.3.5 条 扣件系统静态检查内容和周期。

一、扣件系统检查内容和周期见表 4.3.5。

表 4.3.5 扣件检查内容和周期

序号	检查内容	检查周期
1	扣件系统状态、部件缺损等	每半年检查 1 遍
2	有螺栓弹条紧固状态	每半年检查 1 遍,正线每公里连续抽查 5 根轨枕即 20 个弹条,站线每股道连续抽查 2 根轨枕即 8 个弹条
3	无螺栓弹条扣压力	每半年检查 1 遍,正线每 5 km 连续抽查 2 根轨枕即 8 个弹条,站线每股道抽查 1 根轨枕即 4 个弹条
4	钢轨与绝缘块(绝缘轨距块)、轨距挡板间隙	每半年抽检 1 次,正线每公里连续抽查 5 根轨枕即 10 套扣件,站线每股道连续抽查 2 根轨枕即 4 套扣件
5	锚固螺栓扭矩(WJ-7 型、SFC 型扣件)	每半年检查 1 遍,正线每公里连续抽查 5 根轨枕即 10 套扣件,站线每股道连续抽查 2 根轨枕即 4 套扣件
6	弹性垫板静刚度	每年抽检 1 遍(上道使用前五年可不抽检),正线抽检数量:每种扣件 3 块/50 km

变动情况、理由

修改了扣件检查数量。弹性垫板静刚度由原来的“每年抽检 1 次”修改为“每年抽检 1 遍(上道使用前五年可不抽检)”,以提高检测的科学性和经济性。

<table>
<tr><th>原条文</th><th>修改后条文</th><th>变动情况、理由</th></tr>
<tr><td>
第 4.3.3 条　扣件系统静态检查内容和周期。
一、扣件系统静态检查内容和周期见表 4.3.3。
表 4.3.3　扣件系统静态检查内容和周期
<table>
<tr><th>序号</th><th>检查内容</th><th>检查周期</th></tr>
<tr><td>1</td><td>扣件安装状态、部件缺损~~、预埋件~~等</td><td>每半年检查 1 遍</td></tr>
<tr><td>2</td><td>有螺栓弹条紧固状态~~（弹条Ⅴ型扣件）~~</td><td>每半年检查 1 遍~~，每千米连续抽查 50 个~~</td></tr>
<tr><td>3</td><td>钢轨、绝缘轨距块、轨距挡板间隙</td><td>每半年~~检查 1 遍，每千米连续抽查 50 个~~</td></tr>
<tr><td>4</td><td>无螺栓弹条扣压力~~（弹条Ⅳ型、FC 型扣件）~~</td><td>每半年检查 1 遍~~，每千米连续抽查 50 个~~</td></tr>
</table>
二、线路开通前，应对扣件安装状态、部件缺损、预埋套管等全面检查，对弹条紧固状态全面查看、重点检测。（★）
</td><td>
二、线路开通前，应对扣件安装状态、部件缺损、预埋套管（含注油状况）等全面检查，对弹条紧固状态和锚固螺栓扭矩全面查看、重点检测。
</td><td></td></tr>
<tr><td>
第 4.3.5 条　道岔~~静态~~检查内容~~和周期~~见表 4.3.5，检查工具及方法参照附录二，检查记录参照附录三。钢轨及焊缝检查内容和周期按本章第四节执行。
</td><td>
第 4.3.6 条　道岔周期性检查内容见表 4.3.6，检查工具及方法参照附录二；道岔静态几何尺寸检查应以检测仪器为主，采用轨距尺检查时，检查记录参照附录三。钢轨及焊缝检查内容和周期按本章第四节执行。
</td><td>
优化了道岔检查内容，增加了到发线、其他站线道岔检查周期，强调了降低值检查。
</td></tr>
</table>

原条文

表 4.3.5 道岔检查内容和周期

序号	检查内容	检查方式	~~检查周期~~
1	轨距、水平、支距、高低、轨向	全面检测	~~每月检查1遍~~
2	斥离尖轨非工作边与基本轨工作边最小间距	全面查看，重点检测	
3	查照间隔		
4	护轨轮缘槽宽度		
5	尖轨与基本轨、心轨与翼轨、短心轨和叉跟尖轨间隙、尖轨与滑床台、心轨与滑床台间隙，尖轨与顶铁、心轨与顶铁间隙		
6	辊轮状态		
7	滑床台与基板脱焊及台面磨耗情况		
8	扣件状态		
9	弹性夹、拉簧状态		
10	弹性铁垫板~~、弹性基板~~等各种垫板状态		
11	限位器、间隔铁、顶铁、轨撑、接头铁、连杆等联结螺栓松动、变形或损坏情况		
12	尖轨防跳限位装置与斥离尖轨（标准开口）间隙，尖轨防跳顶铁与密贴尖轨间隙，心轨防跳顶铁、卡铁、间隔铁与心轨间隙		
13	尖轨相对于基本轨、心轨相对于翼轨的伸缩位移；两尖轨相对伸缩位移		
14	轮轨接触面（光带）检查，重点检查尖轨与基本轨共同受力部位接触面（位置、塑性变形、磨耗等）		
15	其他零件损坏、变形或缺失情况		

修改后条文

表 4.3.6 道岔周期性检查内容

序号	检查内容	检查方式
1	轨距、水平、支距、高低、轨向、三角坑	全面检测
2	斥离尖轨非工作边与基本轨工作边最小间距	全面查看，重点检测
3	查照间隔	
4	护轨轮缘槽宽度	
5	辊轮状态	
6	滑床台与基板脱焊及台面磨耗情况	
7	弹性铁垫板（弹性基板）等各种垫板状态	
8	扣件状态	
9	弹性夹、拉簧状态	
10	尖轨与基本轨、心轨与翼轨、短心轨与叉跟尖轨间隙，尖轨与滑床台、心轨与滑床台间隙，尖轨与顶铁、心轨与顶铁间隙	
11	限位器、间隔铁、顶铁、轨撑、接头铁、连杆等联结螺栓松动、变形或损坏情况	
12	尖轨防跳限位装置与斥离尖轨（标准开口）间隙，尖轨防跳顶铁与密贴尖轨间隙，心轨防跳顶铁、卡铁、间隔铁与心轨间隙	
13	尖轨相对于基本轨、心轨相对于翼轨的伸缩位移，两尖轨相对伸缩位移	
14	轮轨接触面（光带）检查，重点检查尖轨与基本轨共同受力部位接触面（位置、塑性变形、磨耗等）	
15	其他零件损坏、变形或缺失情况	
16	岔枕状态	
17	道床状态	

变动情况、理由

原条文	修改后条文	变动情况、理由

原条文：

续上表

序号	检查内容	检查方式	~~检查周期~~
16	尖轨各控制断面相对于基本轨高差	全面检测	~~每季度检查1遍~~
17	心轨各控制断面相对于翼轨高差		

修改后条文：

续上表

序号	检查内容	检查方式
18	尖轨各控制断面相对于基本轨高差	全面检测
19	心轨各控制断面相对于翼轨高差	

道岔周期性检查周期：正线、到发线道岔每月不少于1遍，其他站线道岔每季不少于1遍；其中对尖轨相对于基本轨降低值、心轨相对于翼轨降低值的检查，正线、到发线道岔每季不少于1遍，其他站线道岔每半年不少于1遍，道岔无砟道床检查每季不少于1遍。

原条文：

第4.3.6条　调节器静态检查内容和周期见表4.3.6，检查工具及方法参照附录二，检查记录参照附录四。钢轨及焊缝检查内容和周期按本章第四节执行。

表4.3.6　调节器检查内容和周期

序号	检查内容	检查方式	检查周期
1	轨距、水平、高低、轨向	全面检测	每月检查1遍
2	尖轨与基本轨~~、扣件、轨撑~~间隙	全面查看，重点检测	
3	扣件、垫板~~、轨撑~~状态		
4	~~其他零件损坏、变形或缺失情况~~		
5	尖轨~~控制断面~~相对于基本轨~~高差~~	全面检测	每季度检查1遍

修改后条文：

第4.3.7条　调节器静态检查内容和周期见表4.3.7，检查工具及方法参照附录二；调节器静态几何尺寸检查应以检测仪器为主，采用轨距尺检查时，检查记录参照附录四。钢轨及焊缝检查内容和周期按本章第四节执行。

表4.3.7　调节器检查内容和周期

序号	检查内容	检查方式	检查周期
1	轨距、水平、高低、轨向、三角坑	全面检测	每月检查1遍
2	活动钢枕与梁端固定轨枕（钢枕）、相邻活动钢枕间的间距差，轨枕偏斜	全面检测	每月检查1遍

变动情况、理由：

细化了调节器静态检查内容和周期。

<table>
<tr><th>原条文</th><th>修改后条文</th><th>变动情况、理由</th></tr>
<tr><td></td><td>
续上表
<table>
<tr><th>序号</th><th>检查内容</th><th>检查方式</th><th>检查周期</th></tr>
<tr><td>3</td><td>尖轨与基本轨间间隙</td><td>全面查看，重点检测</td><td>每月检查1遍</td></tr>
<tr><td>4</td><td>扣件、垫板、联结零件，以及梁端伸缩装置活动钢枕、剪刀叉（剪刀装置）、纵梁（联结钢梁）等部件状态</td><td>全面查看，重点检测</td><td>每月检查1遍</td></tr>
<tr><td>5</td><td>各部螺栓扭矩</td><td>全面查看，重点检测</td><td>每月检查1遍</td></tr>
<tr><td>6</td><td>有砟调节器轨枕状态</td><td>全面查看，重点检测</td><td>每月检查1遍</td></tr>
<tr><td>7</td><td>有砟道床状态</td><td>全面查看，重点检测</td><td>每月检查1遍</td></tr>
<tr><td>8</td><td>无砟道床状态</td><td>全面查看，重点检测</td><td>每季检查1遍</td></tr>
<tr><td>9</td><td>尖轨相对于基本轨降低值</td><td>全面检测</td><td>每季检查1遍</td></tr>
</table>
</td><td></td></tr>
<tr><td>第4.3.7条　对无缝线路、道岔~~及调节器~~钢轨纵向位移~~每季度全面观测一次~~，按附录五记录观测结果。对需进行应力放散和调整的区段应分析原因，及时处理。</td><td>第4.3.8条　对无缝线路、道岔钢轨纵向位移观测，每半年不少于1次，一般春、秋季各1次，对桥上无缝道岔、调节器等地段钢轨纵向位移每季观测1次，按附录五记录观测结果；对纵向位移超过10 mm及需进行应力放散和调整的区段应分析原因，及时处理。对调节器基本轨伸缩量、焊缝位置与气温关系应定期进行分析，发现伸缩异常应及时处理。</td><td>对钢轨纵向位移的观测周期进行细化，以提升无缝线路位移观测的科学性。</td></tr>
</table>

原条文	修改后条文	变动情况、理由
	第 4.3.9 条 对标志标识每年检查不少于 1 遍。	
第 4.1.4 条 对道岔、调节器、大跨度桥梁、过渡段和沉降等重点地段的线路设备,应在昼间进行巡视,每年应不少于一遍。 **第 4.1.5 条** 对道岔的结构及联结零件巡视每周不少于一遍。 **第 4.1.6 条** 在山区、高原、严寒地区和遇有极端气候时,应加强重点线路设备检查和巡视,具体办法由铁路局规定。	**第 4.3.10 条** 线路设备的巡检要求。 一、应根据线路速度等级、设备条件、列车对数等情况,合理确定线路设备人工巡检要求,应加强对道岔、调节器、大跨度桥梁、过渡段和沉降等重点地段的线路设备巡检,具体办法由铁路局集团公司规定。 二、正线及到发线道岔人工巡检,每 10 天不少于 1 遍,其他道岔每月不少于 1 遍。调节器人工巡检每月不少于 2 遍。当人工巡检与周期性检查时间重叠时,按周期性检查办理。	细化了调节器、其他道岔巡检要求。
第 4.4.2 条 钢轨探伤。 一、应采用以探伤车为主、探伤仪为辅的方式对正线钢轨进行周期性探伤,探伤车检查发现的伤损应采用探伤仪进行复核。 二、应采用探伤仪对焊接接头、站线、道岔(包括尖轨和心轨变截面部分)、调节器(含尖轨变截面部分)及其前后 60 m 钢轨进行周期性探伤。	**第 4.4.2 条** 钢轨探伤。 一、探伤要求 1. 母材探伤 应采用钢轨探伤车、钢轨探伤仪(包括单轨探伤仪、双轨探伤仪)对正线钢轨进行周期性探伤。应采用钢轨探伤仪对到发线和站线钢轨进行周期性探伤。 钢轨探伤车应定期进行等速动态标定,每季不少于一次。不具备检测轨腰投影对应的轨	根据高速铁路运营十多年来的钢轨伤损规律和探伤经验,全面细化了钢轨探伤要求,提高了钢轨探伤的针对性和科学性。 1. 明确了钢轨探伤仪包括单轨探伤仪、双轨探伤仪。钢轨探伤方式分为:母材探伤,道岔、调节器探伤

原条文	修改后条文	变动情况、理由
三、探伤周期。 1. 使用探伤车对正线钢轨每年检查不少于7遍,冬季应适当缩短检查周期;使用钢轨探伤仪对正线钢轨每年检查1遍;使用钢轨探伤仪对到发线钢轨每年检查4遍,其他站线每年检查1遍。冬季可适当缩短探伤周期。 2. 使用钢轨探伤仪对正线道岔及调节器的钢轨每月检查1遍,对到发线道岔每年检查4遍,其他站线道岔每年检查1遍。 3. 对正线无缝线路和道岔、调节器钢轨的焊缝还应使用焊缝探伤仪进行全断面探伤,厂焊焊缝每5年检查1遍;现场闪光焊焊缝每年检查1遍,铝热焊焊缝每半年检查1遍。 四、钢轨探伤判定。 钢轨探伤评判分轻伤和重伤两种。 1. 钢轨探伤检查有下列情况之一,即判为轻伤: (1) 材质缺陷虽未达到相关技术条件规定的钢轨报废程度,但与判废标准规定值相差不超过6 dB; (2) 焊接缺陷虽未达到《工务作业 第21部分:钢轨焊缝超声波探伤作业》(TB/T 2658.21)规定的焊缝报废程度,但与判废标准规定值	底区域横向裂纹能力的钢轨探伤车不得进行高速铁路检测。钢轨探伤车不能覆盖地段应使用钢轨探伤仪进行补探。钢轨探伤车检查发现的伤损应采用钢轨探伤仪或通用探伤仪进行复核。 2. 道岔、调节器探伤 道岔、调节器钢轨探伤采用超声探伤、涡流探伤与手工检查相结合的方式,包括常规探伤、专项探伤。 (1) 常规探伤 使用单轨探伤仪与手工相结合的方式对道岔和调节器钢轨、合金钢组合辙叉进行探伤。采用手工方式对高锰钢整铸辙叉进行检查。 (2) 专项探伤 使用道岔涡流探伤仪结合焊缝探伤仪或通用探伤仪(对同一部位的探伤可只选择使用其中一种合适的探伤仪)对可放置探头实施检测的道岔、调节器钢轨特殊部位进行专项探伤。 3. 焊缝探伤 应采用焊缝探伤仪或通用探伤仪对无缝线路和道岔、调节器钢轨的焊缝进行全断面探伤。 二、探伤周期 1. 母材探伤 使用钢轨探伤车对正线钢轨每年探伤不少	(包括常规探伤、专项探伤),焊缝探伤。 理由:调整后探伤方式分类更加清晰,双轨探伤仪投入运用后探伤效率明显提高,应积极应用。 2. 正线钢轨探伤总遍数不变,但钢轨探伤车减少1遍,钢轨探伤仪增加1遍。 理由:双轨探伤仪使用后极大提高了人工探伤效率,因此在总遍数不变的基础上增加一次人工探伤,更有利于形成探伤车和探伤仪的互补,提高探伤质量,及时发现伤损。 3. 规定了道岔、调节器钢轨探伤采用超声探伤、涡流探伤与手工检查相结合方式。增加了道岔尖轨、心轨、翼轨等特殊部位的探伤位置和探伤周期相关的专项探伤细化规定。

原条文	修改后条文	变动情况、理由
相差不超过 6 dB。 2. 钢轨探伤检查有下列情况之一，即判为重伤： (1) 在规定的探伤灵敏度下发现疲劳裂纹； (2) 达到或超过相关技术条件规定的钢轨报废程度的内部材质缺陷； (3) 达到或超过《工务作业——第 21 部分：钢轨焊缝超声波探伤作业》(TB/T 2658.21) 规定的焊缝报废程度的焊接缺陷。 五、铁道部基础设施检测中心探伤车检查情况应及时通知有关单位，铁路局探伤车检查情况应及时通知工务段。	于 6 遍(其中每季不少于 1 遍)；使用钢轨探伤仪对正线钢轨每半年探伤 1 遍，对到发线钢轨每年探伤 4 遍，对其他站线钢轨每年探伤 1 遍；冬季探伤间隔时间应短于夏季。 2. 道岔、调节器探伤 (1) 常规探伤 正线道岔及调节器的钢轨每月 1 遍，到发线道岔每年 4 遍，其他站线道岔每年 1 遍。 (2) 专项探伤 ①对尖轨、心轨轨底部位以及轨头宽度小于 50 mm 钢轨的轨头、轨腰部位的探伤，正线道岔每半年不少于 1 遍，到发线道岔每年不少于 1 遍，其中对运用时间超过 10 年或累计通过总质量超过 2 亿 t 的尖轨、心轨，正线道岔每季不少于 1 遍，冬季宜适当增加探伤遍数，到发线道岔每半年不少于 1 遍。 ②对可动心轨辙叉翼轨(不与车轮接触的翼轨区段除外)轨底部位的探伤，正线和到发线道岔每年不少于 1 遍。 ③对基本轨轨底部位的探伤，正线和到发线道岔每年不少于 1 遍。 ④对运用时间超过 10 年或累计通过总质量超过 2 亿 t 的正线道岔其他直向钢轨轨底的	理由：原规则对道岔基本轨轨底等特殊部位探伤未做要求，近年高速铁路重伤和断轨主要发生在道岔特殊部位，常规探伤检查难以发现伤损。2020 年、2021 年工电部先后下发了《国铁集团工电部关于进一步加强高速铁路道岔检查维护工作的通知》(工电线路电〔2020〕47 号)、《高速铁路道岔检查办法》(工电线路函〔2021〕15 号)，对道岔特殊部位探伤进行了规定。规则修订后在保证道岔常规探伤周期不变的基础上，增加了特殊部位专项探伤要求，引入涡流探伤方式，有利于及时发现道岔特殊部位伤损。 4. 焊缝探伤一是增加了在新线开通前对所有焊缝均应全断面探伤 1 遍的

原条文	修改后条文	变动情况、理由
	探伤,每年不少于1遍。 ⑤铁路局集团公司可根据道岔直向、侧向通过列车情况,适当调整直、侧向钢轨的专项探伤范围和周期,对通过列车较少的钢轨可延长专项探伤周期,对不通过列车的钢轨可不进行专项探伤。动车所(段)内和段管线的道岔钢轨可不进行专项探伤。 ⑥对调节器尖轨轨底部位以及轨头宽度小于50 mm钢轨的轨头、轨腰部位的探伤,每半年不少于1遍;对基本轨轨底部位的探伤每年不少于1遍。 3.焊缝探伤 在新线开通前应对所有焊缝全断面探伤1遍。开通后应对现场闪光焊、数控气压焊焊缝每年全断面探伤1遍,铝热焊焊缝每半年全断面探伤1遍;对厂焊焊缝轨底每5年探伤1遍。钢轨现场焊接应在作业后24小时内对焊缝进行全断面探伤,具备条件时应在焊后、放行列车前完成。 三、钢轨探伤评判标准见表3.6.4—1。 四、探伤数据回放分析:钢轨探伤单位应成立专业数据回放分析组,建立探伤数据两级回放分析制度,其中一级应100%回放分析。	要求;二是增加现场数控气压焊焊缝每年探伤1遍的要求;三是对厂焊焊缝每5年检查1遍改为每5年探伤1遍轨底;四是增加钢轨现场焊接应在作业后24小时内对焊缝进行全断面探伤,具备条件时应在焊后、放行列车前完成的要求。 理由:新线开通前进行一次全断面焊缝探伤有利于发现焊缝的源头质量问题;现场数控气压焊是近年新增焊缝类型,其周期比照现场闪光焊确定;厂焊焊缝质量稳定,轨头轨腰基本不出现伤损,且钢轨探伤仪能发现厂焊焊缝的轨头轨腰伤损,不需要采用焊缝探伤仪专门进行探伤;规定现场焊焊后及时探伤能发现现场焊接质量缺陷,规避安全隐患。

原条文	修改后条文	变动情况、理由
		5. 钢轨探伤周期由本规则规定,新修订的《钢轨探伤管理规则》不再提及。
第 4.4.3 条 钢轨外观及表面伤损检查。 一、应采用巡检设备与人工巡视相结合的方式对钢轨外观进行检查。人工巡视检查每年不少于 1 遍。发现钢轨擦伤、鱼鳞裂纹、磨耗、锈蚀及其他伤损时,应进行复核。 二、对磨耗达到轻伤的钢轨、道岔及调节器,应使用钢轨轮廓(磨耗)测量仪~~每季度至少检查 1 遍。~~ 三、对剥离~~裂纹、表面裂纹~~和擦伤,~~每季度检查 1 遍,~~必要时进行涡流~~和磁粉探伤~~。 ~~涡流探伤主要用于曲线区段钢轨表面及近表面缺陷,特别是表面斜裂纹检查。~~ ~~磁粉探伤主要用于焊后焊接接头及道岔钢轨表面及近表面缺陷检查。道岔磁粉探伤主要部位是尖轨全长的轨顶面、轨腰外侧面和轨底上表面;心轨的轨顶面以及高锰钢铸造翼轨的轨顶面和轨腰外侧面。磁粉探伤方法依据《无损检测 磁粉检测 第 1 部分:总则》(GB/T 15822.1—2005)进行。~~	**第 4.4.3 条** 钢轨外观及表面伤损检查。 一、应采用巡检设备检查与人工巡检相结合的方式对钢轨外观及表面伤损进行检查。人工巡视检查每年不少于 1 遍。发现钢轨光带不良、擦伤、硌伤、鱼鳞纹、磨耗、锈蚀及其他伤损时,应进行复核,伤损未处理前应加强检查。 二、磨耗达到轻伤的钢轨应使用钢轨轮廓(磨耗)测量仪进行检查,每半年不少于 1 遍,其中道岔及调节器钢轨每季不少于 1 遍。 三、钢轨鱼鳞纹、剥离掉块、擦伤、硌伤的检查,每季不少于 1 遍,必要时采用涡流探伤等方法进行钢轨表面检查。 四、正线钢轨现场焊焊接接头平直度应使用钢轨平直度测量仪检查,每年不少于 1 遍;道岔尖轨跟端和低塌达到轻伤的焊接接头每季检查不少于 1 遍。 五、钢轨外观及表面伤损检查结果应作好记录,检查内容见附录六。	细化了钢轨表面伤损类型;对磨耗达到轻伤的钢轨、道岔及调节器使用钢轨轮廓(磨耗)测量仪检查,由原来的"每季度至少检查 1 遍"修改为"每半年不少于 1 遍,其中道岔及调节器钢轨每季不少于 1 遍";增加了使用钢轨平直度测量仪对道岔尖轨跟端平直度每季检查不少于 1 遍。

原条文	修改后条文	变动情况、理由
四、对正线钢轨现场焊焊缝平直度，应使用钢轨平直度测量仪每年至少检查 1 遍，对低塌达到轻伤的焊接接头，每季度至少检查 1 遍。 五、应对钢轨外观及表面伤损检查结果做好记录，其检查内容~~参照~~附录六。		
第 4.4.4 条 检查发现钢轨折断或重伤，应立即通知线路车间和工务段调度。钢轨折断应立即封锁线路~~并处理~~；钢轨重伤应立即限速不超过 160 km/h ~~并处理，处理方法按第 5.2.1 条的规定执行。~~	**第 4.4.4 条** 检查发现钢轨重伤应立即限速不超过 160 km/h，发现钢轨折断应立即封锁线路，并立即通知线路车间和工务段调度；道岔（调节器）钢轨重伤比照钢轨折断处理；钢轨重伤和折断处理办法见《高速铁路工务安全规则》。	增加了道岔（调节器）钢轨重伤比照钢轨折断处理。将钢轨重伤和折断处理办法纳入《高速铁路工务安全规则》，本规则不再提及。

第五章

线路设备维修主要作业要求

原条文

第 5.2.1 条　钢轨修理作业要求。

~~一、钢轨综合修理~~

1. 为预防和整治钢轨病害,改善轮轨匹配关系,延长钢轨使用寿命,应做好钢轨修理工作。

2. 当钢轨出现表 5.2.1 所列~~表面轻伤及其他表面伤损~~时,应及时进行~~修复,或采用无损加固处理~~。

表 5.2.1　钢轨病害整治限度

钢轨病害	~~限度~~		~~测量方法~~
	~~200～250 km/h~~	~~250(不含)～350 km/h~~	
钢轨肥边	~~>1 mm~~	~~>0.8 mm~~	直尺~~、深度尺~~测量
~~轨顶面擦伤~~	~~深度大于 0.5 mm~~	~~深度大于 0.35 mm~~	
硬弯	~~>0.3 mm~~	~~>0.2 mm~~	1 m 直尺测量矢度
~~焊缝(接头)轨顶面低塌或马鞍形磨耗~~	~~>0.3 mm~~	~~>0.2 mm~~	
波形磨耗	~~钢轨表面有周期性波磨且平均谷深超过 0.04 mm(车载检测)或最大谷深达到 0.08 mm(手工检测),波长不大于 300 mm~~	~~钢轨表面有周期性波磨且平均谷深超过 0.04 mm(车载检测)或最大谷深达到 0.08 mm(手工检测),波长不大于 300 mm~~	测试精度 0.01 mm 及以上,且测试长度不小于采样窗长度
~~表面局部微细疲劳裂纹(~~鱼鳞纹~~)~~	~~肉眼可见~~	~~肉眼可见~~	~~目视~~

修改后条文

第 5.2.1 条　钢轨修理作业要求。

一、为预防和整治钢轨病害,改善轮轨匹配关系,延长钢轨使用寿命,应做好钢轨修理工作。

二、当钢轨出现表 5.2.1 所列病害时,应及时进行整修。

表 5.2.1　钢轨病害及整治

钢轨病害	病害程度	检查方法	整治方法
钢轨肥边	大于 0.3 mm	直尺测量	打磨
钢轨擦伤或剥离掉块	有	直尺、深度尺、硬度计、涡流探伤仪检测	深度小于或等于 1 mm,采取打磨处理;深度大于 1 mm,应尽快采取打磨(铣磨)或换轨处理
轨顶面硌伤	深度大于 0.3 mm	直尺、深度尺、涡流探伤仪检测	深度小于或等于 1.5 mm,采取打磨处理;深度大于 1.5 mm,应尽快采取打磨(铣磨)或换轨处理
鱼鳞纹	有		打磨

变动情况、理由

1. 根据高速铁路运营十多年来的实践经验,参考《高速铁路线路维修关键技术指标优化研究》成果,补充修订完善了钢轨病害指标标准及整治要求,提高了检修科学性和可操作性。

(1)按照治早治小、经济合理的原则,修改了钢轨肥边、钢轨擦伤、鱼鳞纹、波磨病害整治标准。钢轨肥边,如不及时整治极易造成剥离掉块,因此肥边大于 0.3 mm 时进行整治。钢轨擦伤导致钢轨顶面金属组织转变成马氏体组织,易发展为剥离掉块伤损,甚至产生重伤,因此对钢轨擦伤要及时安排处理。鱼鳞纹越浅,越利于整治,因此要应及时安排打磨。钢轨波磨地段动车组通过时易引发弹

原条文

续上表

钢轨病害	限度		测量方法
	200~250 km/h	250(不含)~350 km/h	
~~尖轨扭转、硬弯、尖轨磨耗、心轨磨耗造成光带异常并影响行车稳定性时~~	~~尖轨相对于基本轨降低值偏差超过1 mm且车体横向、垂向加速度三级偏差~~	~~尖轨相对于基本轨降低值偏差超过1 mm且车体横向、垂向加速度三级偏差~~	~~人工及综合检测列车~~

3. 当发现~~钢轨内部轻伤有发展~~时,~~应~~采用无损加固处理。

4. 伤损加固时,应尽量使伤损部位处于夹板中部,严禁夹板与焊筋接触。

5. 钢轨钻孔位置应在螺栓孔中心线上,且必须倒棱。两螺栓孔净距不得小于大孔径的2倍。其他专业需在钢轨上钻孔或加装设备时,必须经铁路局同意并~~委托工务部门施工~~。

6. 严禁焊补钢轨,严禁使用火焰切割钢轨或烧孔,严禁使用剁子和其他工具强行截断钢轨及冲孔,严禁锤击轨底。

~~二、钢轨重伤处理~~

~~发现钢轨重伤时,应立即进行处理。~~

修改后条文

续上表

钢轨病害	病害程度	检查方法	整治方法
硬弯	大于0.2 mm	1 m直尺或钢轨平直度测量仪测量矢度	单点可采取矫直处理(矫直时轨温应高于25 ℃),连续多点宜采取换轨处理
焊接接头及距焊接接头1~3 m区域平直度	轨顶面:≤-0.2 mm或>+0.4 mm("+"表示凸出,"-"表示凹进)		打磨
	轨头内侧工作边:≤-0.6 mm或≥+0.6 mm("+"表示凹进,使轨距增大;"-"表示凸出,使轨距减小)		打磨
波磨	钢轨表面有周期性波磨且平均谷深超过以下限值:波长10~100(不含)mm时0.03 mm,波长100~300(不含)mm时0.04 mm,波长300~1 000(不含)mm时0.15 mm	测试精度0.01 mm及以上,且测试长度不小于采样窗长度	打磨
光带不良	光带宽度成段小于20 mm或超过40 mm或连续出现周期性宽窄变化(仅运行动车组的铁路)	车载或人工钢板尺检测光带宽度;弦线等测量光带变化	打磨
冷状态下钢轨纵向和横向划痕	轨底下表面不应有横向划痕;钢轨走行面和轨底下表面深度大于0.3 mm,其他部位深度大于0.5 mm	深度尺测量	深度小于或等于0.5 mm,采取打磨处理;深度大于0.5 mm,应尽快采取打磨或换轨处理

注:谷深为相邻波峰与波谷间的垂直距离。

变动情况、理由

条高频振动而断裂,因此对钢轨波磨应及时安排打磨。

(2)增加了轨顶面硌伤、冷状态下钢轨纵向和横向划痕、距焊接接头1~3 m区域平直度标准。高速铁路运营以来,钢轨硌伤时有发生,冷状态下钢轨纵向和横向划痕也曾出现,为便于现场检查整治,增加相关内容。钢轨生产造成的轨端不平顺引起列车异常振动在多条线路上发生过,因此对其要加强检查整治。

2. 钢轨重伤和折断处理办法纳入《高速铁路工务安全规则》,本规则不再提及。

3. 细化了现场焊接钢轨要求,规范了焊接工艺及焊接过程控制,利于提升钢轨焊接修复质量和技术水平。

原条文	修改后条文	变动情况、理由
1. 对钢轨核伤和焊缝重伤可加固处理，并在适宜温度及时进行永久处理；在实施永久处理前应加强检查，发现伤损发展时，应按照钢轨折断及时进行紧急处理、临时处理或永久处理。 2. 对裂纹和可能引起轨头揭盖的重伤，应按照钢轨折断进行紧急处理、临时处理或永久处理。 3. 对其他重伤可采取修理或焊复方法处理，处理前可根据现场实际情况采取限速措施。 三、钢轨折断处理 发现钢轨折断时应立即封锁线路，并根据现场情况采取紧急处理、临时处理或永久处理。 1. 紧急处理 当断缝不大于 30 mm 时，可在断缝处上夹板或臌包夹板，用急救器加固，拧紧断缝前后各 50 m 范围内的扣件，并派专人看守，按不超过 45 km/h 速度放行列车，且邻线限速不超过 160 km/h。 紧急处理后，应在断缝两侧轨头非工作边做出标记(标记间距一般为 26 m)，并准确测量两标记间距离和轨头非工作边一侧断缝值，做好记录。	三、当探伤发现焊缝轻伤时，可采用无损加固处理。无损加固装置应满足疲劳性能、纵向阻力和绝缘性能的要求。 四、伤损加固时，应尽量使伤损部位处于夹板中部，严禁夹板与焊筋接触。 五、钢轨钻孔位置应在螺栓孔中心线上，且必须倒棱。两螺栓孔净距不得小于大孔径的两倍。其他专业需在钢轨上钻孔或加装设备时，必须经铁路局集团公司工务部门同意，并在工务设备管理单位配合下实施。 六、严禁焊补钢轨，严禁在钢轨的任何部位进行引弧、电弧焊、电阻点焊、黄铜钎焊等作业，严禁使用火焰切割钢轨或烧孔，严禁使用剁子和其他工具强行截断钢轨及冲孔，严禁锤击轨底。 **第 5.2.2 条** 现场焊接钢轨作业要求。 一、焊接作业人员应具有相应的资质。 二、焊接环境和轨温应符合钢轨焊接标准(TB/T 1632.1 ~ TB/T 1632.4)要求，并应避免大风和雨雪等不良天气。确需在不良天气进行焊轨作业时，应采取相应措施。 三、焊接工艺应符合 TB/T 1632.1 ~ TB/T 1632.4 要求。	

原条文	修改后条文	变动情况、理由
2.临时处理 当钢轨折损严重、断缝超过30 mm或紧急处理后不能及时进行永久处理时,应切除伤损部分,在两锯口间插入长度不短于6 m的同型钢轨,轨端钻孔,安装接头夹板,用10.9级螺栓拧紧,拧紧短轨前后各50 m范围内的扣件,按不超过160 km/h速度放行列车。 临时处理前,应在断缝两侧轨头非工作边做出标记(标记间距一般为26 m),并准确测量两标记间距离和轨头非工作边一侧断缝值,做好记录。 3.永久处理 对紧急处理或临时处理处所,宜于当日天窗内采用原位焊复或插入短轨焊复处理。进行焊复处理时,应保持无缝线路锁定轨温不变。作业轨温宜低于实际锁定轨温0 ℃～20 ℃。当采用插入短轨焊复时,短轨长度不得小于20 m。 钢轨焊接应按照《钢轨焊接》(TB/T 1632)执行,并满足下列要求: (1)焊接宜采用具有拉伸、保压功能的焊接设备。	四、钢轨焊接后应在24小时内对焊缝进行全断面探伤。 五、焊接作业应记录焊缝位置、作业轨温、钢轨拉伸量、无缝线路锁定轨温等关键参数。 六、钢轨的焊接修复,可进行原位焊接或插入钢轨焊复。钢轨锯切应符合焊接标准要求。插入钢轨的钢种、轨型应与线上既有的钢轨相同。应对插入短轨进行打磨,使其与线路上的钢轨匹配。 七、拉伸焊接时应采用具有拉伸、保压功能的焊接设备。 八、铝热焊接材料应符合TB/T 1632.3要求。 九、钢轨焊接修复应积极采用闪光焊轨车和气压焊轨车进行焊接。	

原条文	修改后条文	变动情况、理由
(2)焊接~~作业轨温不应低于5 ℃~~,且应避免大风和雨雪等不良天气。~~必须~~在不良天气进行焊轨作业时,应采取相应措施,~~并使环境温度高于5 ℃;推凸后应采用石棉或其他材料覆盖直至轨温降至300 ℃以下。~~ (3)钢轨焊接后应对焊缝进行探伤~~检查~~。 ~~(4)焊接作业结束后,应测量原标记间距离,计算焊接作业范围内锁定轨温。~~ ~~四、发现道岔尖轨、基本轨、可动心轨、翼轨折断时应立即封锁线路,进行处理。~~ ~~五、胶接绝缘接头拉开时,应立即复紧两端各50 m线路的扣件,限速不超过160 km/h,并及时进行永久处理。绝缘失效时,应立即于当日天窗时间更换,进行永久处理。~~		

原条文	修改后条文	变动情况、理由
第 5.2.2 条　钢轨打磨作业。 一、钢轨(包括正线、道岔和调节器)打磨分预打磨、预防性打磨和修理性打磨。钢轨预打磨应在轨道精调完成后进行。钢轨预防性打磨周期按通过总重和钢轨运用状态确定,原则上每 30 ~ 50 Mt 通过总重打磨一次,最长不宜超过 2 年。道岔钢轨打磨周期应与正线钢轨打磨周期相同。当钢轨出现波磨、鱼鳞裂纹等伤损时,应及时进行修理性打磨。 二、可采用钢轨打磨列车、道岔打磨车或钢轨铣磨车打磨或铣磨钢轨。钢轨焊接接头可采用小型钢轨打磨机进行打磨,严禁使用手砂轮打磨。 三、钢轨预防性打磨廓形宜根据钢轨表面状态、轮轨接触情况综合设计。未进行打磨廓形设计时,可根据线路运行动车组类型,参考钢轨预打磨廓形对钢轨进行打磨。 四、钢轨修理性打磨方案应根据波磨、鱼鳞裂纹等表面伤损程度,比照本条第三款规定确定,打磨后应保证伤损得到消除。 五、钢轨打磨质量技术要求: 1. 打磨廓形应符合设计要求,并采用模板或钢轨轮廓(磨耗)测量仪进行打磨廓形检查	**第 5.2.3 条**　高速铁路钢轨打磨分为预打磨、预防性打磨和修理性打磨。钢轨打磨应以预防性打磨为主、修理性打磨为辅。钢轨打磨应根据打磨前钢轨状态,在满足目标廓形、保证打磨深度和消除病害的前提下使打磨切削量最小。 一、新建铁路的钢轨预打磨应在轨道精调完成后进行,对运营铁路新上道的钢轨应及时安排预打磨。 二、钢轨预防性打磨周期见第 6.1.2 条。 三、对重复出现动车组异常振动、成段光带不良、轨道冲击响应指标超过管理值,或出现超过表 5.2.1 规定的钢轨病害地段,应及时进行修理性打磨。 四、钢轨打磨前,应根据车辆和钢轨调查资料进行钢轨打磨廓形设计。	补充完善了关于钢轨打磨的有关要求。 1. 增加了高速铁路钢轨打磨原则:钢轨打磨应以预防性打磨为主、修理性打磨为辅。钢轨打磨应根据打磨前钢轨状态,在满足目标廓形、保证打磨深度和消除病害的前提下使打磨切削量最小。 2. 明确了钢轨修理性打磨时机:对重复出现动车组异常振动、成段光带不良、轨道冲击响应指标超过管理值,或出现超过表 5.2.1 规定的钢轨病害地段,应及时进行修理性打磨。 3. 要求钢轨打磨前,根据车辆和钢轨调查资料进行钢轨打磨廓形设计。

原条文	修改后条文	变动情况、理由

原条文

~~和验收。钢轨打磨作业后应满足表 5.2.2—1 和表 5.2.2—2 的要求。~~

~~表 5.2.2—1 钢轨打磨作业验收标准（mm）~~

~~项目~~	~~验收标准~~	~~测量方法~~	~~说明~~
~~钢轨母材轨头内侧工作面~~	~~+0.2 0~~	~~1 m 直尺测量矢度~~	~~“+”表示凹进~~
~~钢轨母材轨顶面或马鞍形磨耗~~	~~+0.2 0~~		~~“+”表示凸出~~
~~焊缝顶面~~	~~+0.2 0~~		~~“+”表示凸出~~
~~焊缝内侧工作面~~	~~+0.2 0~~		~~“+”表示凹进~~

表 5.2.2—2 钢轨波磨打磨作业验收标准

项目	验收标准				~~测量方法~~	~~说明~~
波长（mm）	10～30	30～100	100～300	300～1 000		
采样窗长度（mm）	600	600	1 000	5 000		
谷深平均值（mm）	0.02	0.02	0.03	0.15	~~测试精度 0.01 mm 及以上，且测试长度不小于采样窗长度~~	~~打磨作业完成后 8 天内或在打磨后通过总重 30 万 t 之前测量~~
~~允许~~超限百分率	5%	5 %	5 %	5 %	~~连续测量打磨波磨钢轨长度 100 m（车载检测）或 30 m（手工检测）~~	

2. ~~应使用便携式粗糙度检测仪检测粗糙度，在 10 mm 范围内同一个钢轨打磨面上，沿与~~

修改后条文

第 5.2.4 条 钢轨打磨技术要求。

一、钢轨打磨目标廓形。

1. 直线及大半径曲线地段一般采用 60N 廓形，如图 5.2.4—1 所示。

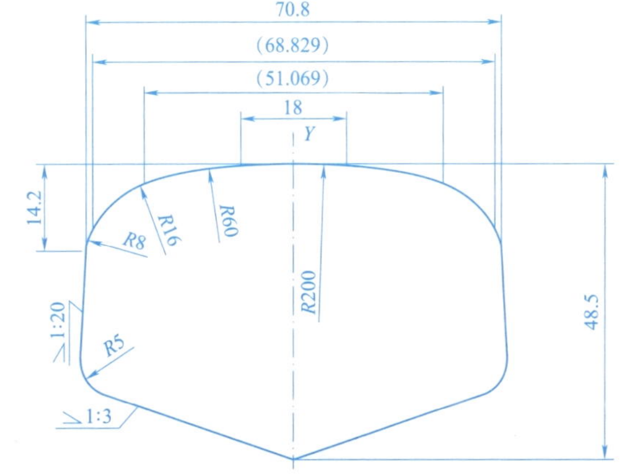

图 5.2.4—1 60N 廓形钢轨轨头尺寸（单位：mm）

2. 设计速度 350 km/h 线路曲线半径小于或等于 7 000 m 地段、设计速度 300 km/h 线路曲线半径小于或等于 5 000 m 地段、设计速度 250 km/h 及以下线路曲线半径小于或等于 3 500 m 地段，可采用 60N 廓形或根据轮轨匹配关系单独设计打磨廓形。

3. 钢轨修理性打磨应先在消除病害的同时修正轨头廓形。

变动情况、理由

补充完善了关于钢轨打磨的有关要求。

1. 根据《高速铁路钢轨与道岔大型机械打磨验收技术规范》（Q/CR 681—2018）、《高速铁路钢轨快速打磨管理办法》（TG/GW 216—2018），细化了钢轨打磨的目标廓形、钢轨打磨深度、道岔打磨要求。强调了钢轨修形后达到目标廓形，波磨钢轨打磨后符合验收标准，擦伤钢轨打磨后轨面硬度不得高于邻近母材轨面硬度 50 HB，钢轨鱼鳞纹应消除，小型打磨机打磨时不得灼伤钢轨。

2. 增加了新铺设道岔、更换直尖轨或直尖轨顶端光带延伸到直尖轨与基本轨密贴面的棱线时应及时进行倒圆弧处理及相关技术要求，以防止直尖轨非工作边裂纹的发生。

原条文	修改后条文	变动情况、理由
~~钢轨打磨痕迹垂直方向进行表面粗糙度测量，至少连续测量 6 个点，~~打磨面粗糙度不大于 10 μm。 ~~3. 打磨面最大宽度（见图 5.2.2）：$R13$ 区域 5 mm，$R80$ 区域 7 mm，$R300$ 区域 10 mm~~。 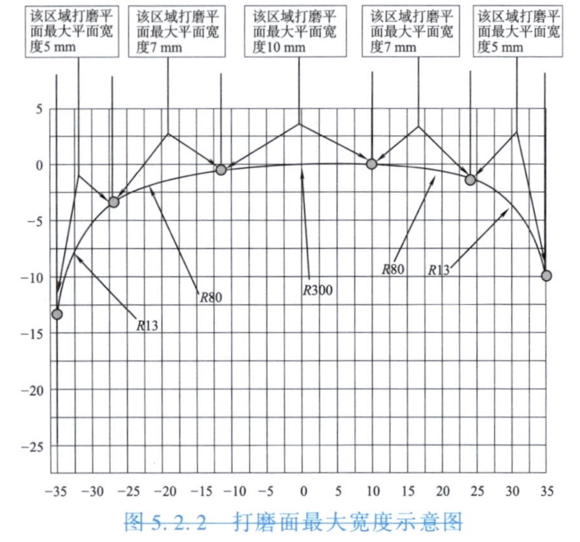 ~~图 5.2.2 打磨面最大宽度示意图~~ 4. 沿钢轨 100 mm 长度范围内，打磨面宽度最大变化量不应大于打磨面最大宽度的 25%。 5. ~~打磨后~~接触光带应居中，~~且~~宽度为 20 ~ 30 mm。~~钢轨打磨面应无连续发蓝带。~~	4. 钢轨应严格按目标廓形打磨，同一线路的钢轨打磨目标廓形（除单独设计区段外）应一致。 二、钢轨打磨深度应符合以下要求： 1. 预打磨：轨顶中心区域（ −1° ~ +3°，如图 5.2.4—2 所示）最小打磨深度不小于 0.2 mm。其中道岔打磨以保证轨头廓形为主，打磨深度可适当减小。 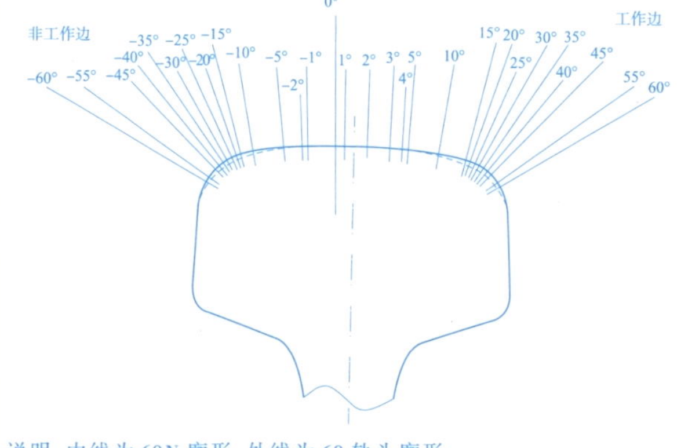 说明：内线为 60N 廓形，外线为 60 轨头廓形。 图 5.2.4—2 60N 廓形与 60 轨头廓形对比 2. 预防性打磨：轨顶中心区域不小于 0.1 mm。 3. 修理性打磨：钢轨修形后达到目标廓形，波磨钢轨打磨后符合验收标准，擦伤钢轨打	

原条文	修改后条文	变动情况、理由
~~六、钢轨打磨作业技术要求：~~ ~~1. 打磨前应调查待打磨地段钢轨状况，每100 m 采用钢轨轮廓(磨耗)测量仪测试钢轨廓形，根据钢轨表面状态、钢轨伤损和轮轨接触情况，由线路维修和打磨技术人员共同研究确定打磨方案。~~ ~~2. 打磨前应对影响正常打磨操作地段，尤其是影响轨距角打磨的因素进行调查，并预先采取措施，以保证钢轨打磨正常进行。~~ ~~3. 打磨前应对焊接接头轨面平直度进行检查。当超过标准时，应采用小型钢轨打磨机对焊接接头进行局部打磨。~~ 4. ~~打磨前应在站线进行打磨参数调整试验，~~确认打磨廓形达到要求后，方可进行正式打磨。 5. 打磨车作业速度应根据打磨列车特性~~和打磨目的~~确定。 6. 最后一遍打磨应降低打磨功率或提高打磨速度，以保证钢轨打磨后表面粗糙度达标。 7. 应及时清理轨道板、钢轨表面上的打磨碎屑。 ~~七、正线道岔打磨应充分考虑结构特点，打磨技术要求和验收标准与区间钢轨相同。~~	磨后轨面硬度不得高于邻近母材轨面硬度50 HB，钢轨鱼鳞纹应消除，小型打磨机打磨时不得灼伤钢轨。 三、打磨面粗糙度不应大于10 μm。 四、钢轨打磨平面最大宽度应符合以下要求： 1. 轨顶纵向中心线两侧10 mm区域为10 mm，10～25 mm区域为7 mm，其余打磨区域为5 mm。 2. 沿钢轨纵向100 mm范围内，打磨平面宽度最大变化量不应大于打磨平面最大宽度的25%。 3. 直线和曲线下股轮轨接触光带应基本居中，宽度为20～30 mm；曲线上股轮轨接触光带应偏向内侧。 五、距焊接接头1～3 m区域打磨后母材平直度应控制在 -0.1～+0.3 mm/1 m。 六、钢轨打磨后应无肥边、无疲劳裂纹、无连续发蓝带。 七、道岔打磨作业要求。 1. 道岔打磨区域包括岔区(含侧向)、道岔间夹直线。道岔大机打磨的受限区域应及时使用小机打磨，使道岔打磨贯通。	

原条文	修改后条文	变动情况、理由
	2. 打磨道岔时,应结合两端线路进行一体化廓形设计,使打磨后廓形连续贯通、平顺过渡。 3. 尖轨非工作边距基本轨工作边 100 mm 处与尖轨尖端之间(图 5.2.4—3)、长短心轨非工作边间距 100 mm 处与可动心轨尖端前 50 mm 处之间(图 5.2.4—4)的钢轨外侧为大机打磨受限区域。大机打磨受限区域的钢轨内侧可由打磨车打磨,钢轨外侧可采用小型打磨机打磨。 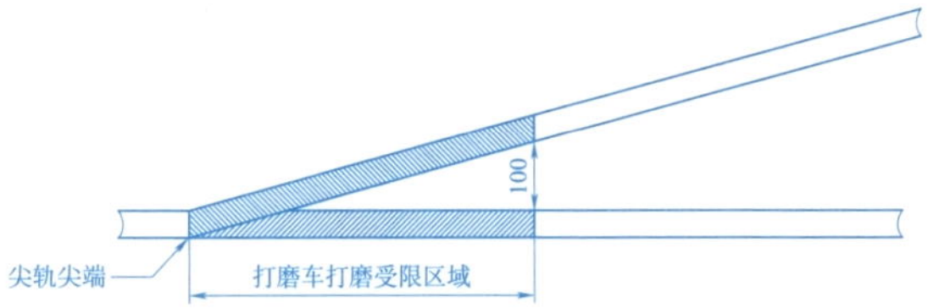 尖轨尖端 打磨车打磨受限区域 100 图 5.2.4—3 打磨车在尖轨打磨受限区域(单位:mm) 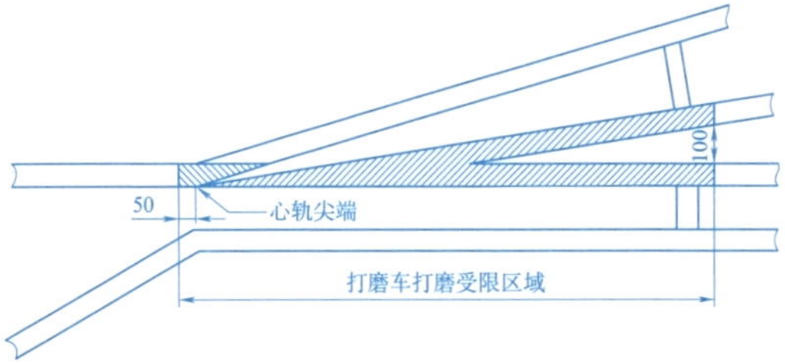 100 50 心轨尖端 打磨车打磨受限区域 图 5.2.4—4 打磨车在可动心轨打磨受限区域(单位:mm)	

原条文	修改后条文	变动情况、理由
	4. 打磨车打磨尖轨、可动心轨顶面宽度小于20 mm区域时应控制打磨角度和打磨量，以防止打伤尖轨、可动心轨。 5. 当大机打磨受限区域的尖轨或可动心轨出现疲劳裂纹时应采用小型打磨机处理，且应沿线路纵向进行打磨，保证圆角光滑过渡。 6. 当大机打磨受限区域因磨耗导致基本轨与尖轨或翼轨与可动心轨降低值超过1 mm、并出现光带异常时，应按目标廓形采用小型打磨机打磨。 7. 调节器比照道岔尖轨、基本轨打磨方法和标准进行打磨。 八、新铺设道岔、更换直尖轨或直尖轨顶端光带延伸到直尖轨与基本轨密贴面的棱线时应及时进行倒圆弧处理，尖轨宽度20～30 mm范围，倒圆弧$R3$～$R4$ mm；尖轨宽度30～50 mm范围，倒圆弧$R4$～$R5$ mm；并与宽度小于20 mm和大于50 mm断面的交接处采用过渡顺接。	
	第5.2.5条　大机打磨作业要求。 一、钢轨打磨作业前要求。 1. 应根据运营铁路钢轨状态，制订年度打磨计划。	补充完善了关于钢轨打磨的有关要求。 细化了打磨作业要求，强调了打磨车砂轮起落位

原条文	修改后条文	变动情况、理由
	2. 线路几何尺寸、形位和轨下基础等应符合相关技术标准要求。 3. 应提前调查打磨地段钢轨状态和周边环境，提交相关技术资料，确定目标廓形，制定打磨技术方案；拆除影响打磨作业的轨旁设备，清除作业地段线路两侧可燃物。 4. 当焊接接头平直度超过 +0.5 mm/1 m 时，应采用仿形打磨机对焊接接头进行局部打磨，打磨后平直度应控制在 +0.1 ~ +0.3 mm/1 m 范围内。 5. 打磨车的砂轮应符合《钢轨打磨车砂轮订货技术条件》(Q/CR 1)要求。作业前应彻底清理打磨电机导向柱上的灰尘，检查紧固砂轮安装螺栓。打磨电机功率波动较大或损坏应及时更换，确保作业压力稳定和磨头提升、下降基本同步。 6. 根据打磨技术方案进行试打磨，必要时调整打磨参数，确认打磨廓形达到要求后方可进行正式打磨。 二、钢轨打磨作业中要求。 1. 打磨车作业速度应根据打磨性质和打磨车特性确定。 2. 打磨车砂轮起落位置宜提高作业速度、降	置宜提高作业速度、降低打磨功率，尽量减小周期性磨痕或波磨谷深。同时还应及时检查打磨砂轮下落部位的周期性磨痕谷深，如超过要求，应及时进行处理，以防止打磨出现周期性磨痕谷深超限的问题。

原条文	修改后条文	变动情况、理由
	低打磨功率，尽量减小周期性磨痕或波磨谷深。 3. 钢轨打磨车第一遍宜打磨轨头内外侧轨角，第二遍打磨应全面覆盖第一遍打磨区域、且越过第一遍打磨起点不小于 20 m。 4. 道岔打磨时，道岔与其两端线路的钢轨打磨重叠区域不应小于 10 m，确保线岔结合部打磨后廓形连续贯通。 5. 应及时检查钢轨廓形、切削量、磨面宽度等技术指标，根据钢轨实测廓形与目标廓形的差异及时调整打磨作业方案。 6. 应及时检查砂轮下落处的轨面磨痕谷深，如超过表 5.2.6 要求，应及时进行处理。 7. 无砟轨道地段雨雪天气不宜进行钢轨打磨作业。 三、钢轨打磨作业后要求。 1. 打磨后应及时清除打磨车上的打磨铁屑积块，清理钢轨表面、绝缘接头、轨枕扣件、道岔滑床板及无砟轨道上的打磨碎屑及铁屑积块，恢复作业中拆除的设备，进行道岔转换试验。 2. 应按钢轨打磨验收标准进行验收。	
	第 5.2.6 条　钢轨打磨作业质量验收要求。	补充完善了关于钢轨打磨的有关要求。

<table>
<tr><th>原条文</th><th>修改后条文</th><th>变动情况、理由</th></tr>
<tr><td></td><td>一、验收项目包括：打磨廓形、轮轨接触光带、打磨深度、打磨面粗糙度、发蓝带、打磨平面宽度、打磨砂轮起落部位的砂轮磨痕、钢轨波磨打磨前后谷深、擦伤钢轨打磨后表面硬度、表面质量等。
二、打磨廓形、轮轨接触光带、打磨深度等项目的验收，按《高速铁路钢轨与道岔大型机械打磨验收技术规范》（Q/CR 681）、《高速铁路钢轨快速打磨管理办法》执行。周期性打磨痕迹和波磨应满足表5.2.6要求。
表5.2.6 周期性打磨痕迹和波磨钢轨打磨验收标准
<table>
<tr><td>项目</td><td colspan="4">验收标准</td></tr>
<tr><td>波长 λ(mm)</td><td>10≤λ<30</td><td>30≤λ<100</td><td>100≤λ<300</td><td>300≤λ<1 000</td></tr>
<tr><td>采样窗长度(mm)</td><td>600</td><td>600</td><td>1 000</td><td>5 000</td></tr>
<tr><td>谷深平均值(mm)</td><td>0.02</td><td>0.02</td><td>0.03</td><td>0.15</td></tr>
<tr><td>容许超限百分率</td><td>5%</td><td>5%</td><td>5%</td><td>5%</td></tr>
</table></td><td>明确规定了钢轨打磨作业质量验收要求。</td></tr>
<tr><td></td><td>第5.2.7条 钢轨顶面涂抹、遗洒润滑油脂管理。
一、钢轨探伤和线路维修作业，不得将防冻液、焊缝探伤耦合剂、润滑油脂等遗留在轨面上。</td><td>本条为新增。
规定了钢轨顶面涂抹、遗洒润滑油脂管理要求，以确保动车组运行安全。</td></tr>
</table>

原条文	修改后条文	变动情况、理由
	1. 钢轨探伤车作业使用的防冻液应在探伤车停留库(驻地)排放,不得在线路上排放。确需在线路上排放时,必须采取停车排放,严禁边走边排。遗洒在轨面的防冻液必须擦拭或冲洗干净。 2. 焊缝探伤作业后轨面上的焊缝探伤耦合剂必须擦除干净。 3. 不得在轨顶面涂抹润滑油脂等润滑材料,特别是在以下地段轨顶面不得有减磨润滑油脂: (1)允许速度 $v_{max}\geqslant 300$ km/h 的线路在进站信号机外方 10 km 范围内。 (2)允许速度 200 km/h $\leqslant v_{max} <$ 300 km/h 的线路在进站信号机外方 8 km 范围内。 (3)CRH2 型动车组经由的允许速度 $v_{max} <$ 200 km/h 的线路在进站信号机外方 3 km 范围内。 4. 扣件涂油作业应防止润滑油脂遗洒在轨顶面上,发现润滑油脂涂抹、遗洒在轨顶面上时,必须擦除干净。 5. 上道作业,对作业地段应进行回检,发现轨面上有防冻液、焊缝探伤耦合剂、润滑油脂	

原条文	修改后条文	变动情况、理由
	时,按照"谁作业、谁负责"的原则进行清理。 二、凡发现轨顶面有润滑油脂影响行车安全时,应对润滑油脂进行清理,未清理完毕不得放行列车。 三、发现自轮运转特种设备漏油时,应立即采取停车措施,并对漏油地段进行处理,将遗洒在轨面上的油脂擦除干净。	
第 5.3.3 条 WJ-7 型扣件维修作业。 一、零部件损坏应及时更换,更换时应采用~~相同~~规格零部件。 二、对 T 型螺栓进行定期涂油,防止螺栓锈蚀。预埋套管中缺油或无油时,应在预埋套管中注入或在锚固螺栓螺纹部分涂专用防护油脂。 ~~三、安装铁垫板时应使轨底坡方向朝向轨道内侧。~~ 四、紧固~~T 型~~螺栓~~和锚固螺栓~~应采用扭矩扳手检查,确保扭矩满足要求。 五、绝缘块与钢轨或铁垫板挡肩间缝隙较大时,应通过更换不同号码绝缘块的方式进行调整。	**第 5.3.5 条** WJ-7 型扣件维修作业。 一、扣件零部件缺失或损坏时,应及时安装或更换,安装和更换时应采用原有规格的零部件。 二、对 T 型螺栓进行定期涂油,防止螺栓锈蚀。预埋套管中缺油或无油时,应在预埋套管中注入或在锚固螺栓螺纹部分涂专用防护油脂。 三、弹条安装状态应采用塞尺检查,确保弹条中部前端下颚与绝缘块间隙满足要求。 四、紧固锚固螺栓应采用扭矩扳手检查,确保扭矩满足要求。 五、绝缘块与钢轨或铁垫板挡肩间缝隙较大时,应通过更换不同号码绝缘块的方式进行调整。 六、发现弹条锈蚀严重,应及时更换。	细化了 WJ-7 型扣件维修作业要求,增加了防止铁垫板限位挡块硌伤钢轨要求。

原条文	修改后条文	变动情况、理由
	七、发现铁垫板轨底坡方向未朝向轨道内侧时,应及时进行调整。 八、发现铁垫板上未安放轨下垫板或安装减薄的轨下垫板时,应及时安装标准规格的轨下垫板(A类垫板厚度为12 mm、B类垫板厚度为14 mm),防止铁垫板限位挡块硌伤钢轨。 九、发现铁垫板下未安装绝缘缓冲垫板,应及时安装绝缘缓冲垫板。 十、发现平垫块方向不对时,应及时调整到正常安装状态。 十一、无缝线路应力放散时,应将弹条松开。应力放散结束后,应检查轨下垫板和绝缘块位置是否正确,如有错位,应在调整后再安装弹条。 十二、不得用锤或其他工具敲击锚固螺栓。	
	第5.3.9条　当轨道几何尺寸调整量超出扣件正常调整量时,应结合现场实际情况,制定具体实施方案并进行专家论证,可采用特殊调整扣件进行临时处理,调整作业方法见附录八,并及时采取措施恢复线路正常状态。钢轨高低位置调整量超过40 mm时应限速200 km/h及以下运行。特殊调整扣件使用满3年后,每年应进行专项评估。	增加了采用特殊调整扣件进行临时处理的要求。

<table>
<tr><th>原条文</th><th>修改后条文</th><th>变动情况、理由</th></tr>
<tr>
<td></td>
<td>
第 5.5.6 条　CRTS Ⅲ型板式无砟道床伤损修补作业。
CRTS Ⅲ型板式无砟道床伤损形式和修补作业要求见表 5.5.6。
表 5.5.6　CRTS Ⅲ型板式无砟道床伤损修补作业要求
<table>
<tr><th>项目</th><th>伤损形式</th><th>伤损等级</th><th>维修作业要求</th></tr>
<tr><td rowspan="4">轨道板伤损</td><td rowspan="2">裂缝</td><td>Ⅰ级</td><td>见附录十之“无压注浆法”</td></tr>
<tr><td>Ⅱ级</td><td>见附录十之“低压注浆法”</td></tr>
<tr><td>混凝土缺损</td><td></td><td>见附录十之“无砟道床混凝土缺损修补”</td></tr>
<tr><td>锚穴封端脱落</td><td></td><td>见附录九之“CRTSⅠ型板式无砟轨道预应力轨道板锚穴封端脱落修复”</td></tr>
<tr><td rowspan="3">自密实混凝土层伤损</td><td>裂缝</td><td>Ⅰ级、Ⅱ级</td><td>见附录十之“低压注浆法”</td></tr>
<tr><td>与轨道板间离缝</td><td>Ⅰ级、Ⅱ级</td><td>见附录十之“CRTS Ⅲ型板式无砟轨道自密实混凝土离缝修补”</td></tr>
<tr><td>缺损、掉块</td><td></td><td>见附录十之“无砟道床混凝土缺损修补”</td></tr>
<tr><td rowspan="4">底座伤损</td><td rowspan="2">裂缝</td><td>Ⅰ级</td><td>见附录十之“无压注浆法”</td></tr>
<tr><td>Ⅱ级</td><td>见附录十之“低压注浆法”</td></tr>
<tr><td>混凝土缺损</td><td></td><td>见附录十之“无砟道床混凝土缺损修补”</td></tr>
<tr><td>底座伸缩缝离缝</td><td>Ⅰ级、Ⅱ级</td><td>见附录十之“柔性填充法”</td></tr>
</table>
</td>
<td>增加了 CRTSⅢ型板式无砟道床伤损修补作业。</td>
</tr>
</table>

原条文	修改后条文	变动情况、理由
第5.5.1条　道岔及调节器维修作业应符合以下基本要求： 一、道岔和调节器尖轨或基本轨伤损时，宜同时更换尖轨和基本轨。如待换上的尖轨与原基本轨或原尖轨与待换上的基本轨降低值满足要求，可单独更换尖轨或基本轨，否则应同时更换尖轨和基本轨。 二、道岔可动心轨辙叉伤损时，应整体更换。 三、道岔基本轨、尖轨、辙叉及导轨伤损更换后但未焊接时，应限速不超过160 km/h，并应尽快恢复原结构。 四、作业时严禁撞击轨下基础，保持轨下基础完好。 五、作业时按规定扭矩紧固螺栓。	**第5.6.1条**　道岔维修作业应符合以下要求： 一、道岔尖轨或基本轨伤损时，宜同时更换尖轨和基本轨。 二、道岔可动心轨辙叉伤损时，宜整体更换。 三、道岔基本轨、尖轨、辙叉、导轨伤损更换时，应使几何形位、各部间隔尺寸、钢轨密贴、尖轨相对基本轨降低值、心轨相对翼轨降低值等偏差满足现行标准要求；更换后但未焊接时，限速不超过160 km/h，钢轨接头轨面及内侧错牙不得大于1 mm，并应尽快恢复原结构。 四、有砟轨道可动心轨辙叉道岔起道作业时，直、曲股应同时起平，保证可动心轨辙叉在一个水平面上，并做好道岔前后及道岔曲股顺坡，同时加强焊接接头、辙叉、牵引点等部位的道床捣固。 五、道岔精调精整应注重几何尺寸与结构相结合，降低值修复与廓形打磨相结合。 六、作业时严禁撞击轨下基础，保持轨下基础完好。 七、作业时按规定扭矩紧固螺栓。	将道岔和调节器维修作业要求分开，调节器单列一条。 将原来的“道岔可动心轨辙叉伤损时，应整体更换”修改为“道岔可动心轨辙叉伤损时，宜整体更换”。 将原来的“道岔基本轨、尖轨、辙叉及导轨伤损更换后但未焊接时，限速不应超过160 km/h，并应尽快恢复原结构”修改为“道岔基本轨、尖轨、辙叉、导轨伤损更换时，应使几何形位、各部间隔尺寸、钢轨密贴、尖轨相对基本轨降低值、心轨相对翼轨降低值等偏差满足现行标准要求；更换后但未焊接时，限速不超过160 km/h，钢轨接头轨面及内侧错牙不得大于1 mm，并应尽快恢复结构”。 增加了：道岔精调精整应注重几何尺寸与结构相结合，降低值修复与廓形打磨相结合。

原条文	修改后条文	变动情况、理由
第5.5.3条 道岔区轨距、支距应通过更换不同规格调整备件进行调整。轨向通过调换轨距块和缓冲调距块、轨距调整片、偏心锥进行调整。道岔直股方向不良时，可用弦线测量并调整；曲股方向不良时，应在直股方向符合要求的基础上，通过控制支距的方法进行调整。调整作业应做好记录。	**第5.6.3条** 道岔区轨距及支距、调节器轨距应通过更换不同规格调整件进行调整。轨向通过拨道及更换不同规格调整件进行调整。道岔直股方向不良时，可用弦线测量并调整；曲股方向不良时，应在直股方向符合要求的基础上，通过控制支距的方法进行调整。调整作业应作好记录。	增加了调节器轨距、轨向调整要求。
第5.5.5条 调节器经常保养和维修作业。 一、应加强调节器经常保养，使其保持尖轨锁定、基本轨可伸缩状态，防止尖轨爬行或基本轨异常伸缩。 二、调节器所有螺栓扭矩应达到设计要求。 三、不得对调节器基本轨、尖轨及其所焊连的钢轨进行张拉或顶推作业。 四、定期观测并分析基本轨伸缩量、焊缝位置与气温关系，发现伸缩故障应及时消除。 五、尖轨或基本轨顶面出现肥边现象应及时打磨。 六、尖轨或基本轨轨头出现擦伤应及时修理或更换。 七、尖轨轨顶相对于基本轨轨顶无降低段的尖轨顶面低于基本轨顶面时，应及时修理或更换。	**第5.6.5条** 调节器维修作业应符合以下要求： 一、应加强调节器维修，使其保持尖轨锁定、基本轨可伸缩状态，防止尖轨爬行或基本轨异常伸缩。 二、单向调节器应加强尖轨及其后50～100 m范围内钢轨锁定，双向调节器应加强尖轨锁定。 三、尖轨或基本轨伤损需更换时，宜同时更换。焊连时，不得对调节器基本轨、尖轨及其所焊连的钢轨进行拉伸或顶推作业。更换后尖轨位置以及基本轨相对尖轨位置应符合设计要求，焊接接头质量应满足相关规定。基本轨、尖轨更换后但未焊接时，限速不超过160 km/h，钢轨接头轨面及内侧错牙不得大于1 mm，并应尽快恢复原结构。	增加了：(1)更换后尖轨位置及基本轨相对尖轨位置应符合设计要求，焊接接头质量应满足相关规定。基本轨、尖轨更换后但未焊接时，限速不超过160 km/h，钢轨接头轨面及内侧错牙不得大于1 mm，并应尽快恢复原结构。(2)调节器精调精整应注重几何尺寸与结构相结合，降低值修复与廓形打磨相结合。(3)调节器各部位间隙、润滑及扭矩应符合设计要求。(4)纵梁(联结钢梁)活动

原条文	修改后条文	变动情况、理由
~~八、焊接接头质量应满足相关规定。~~ ~~九、每半年对基本轨轨撑螺栓、尖轨轨撑螺栓涂油一次。不得对尖轨轨撑贴合面和台板顶面进行涂油或使油污浸入。~~ ~~十、日常清扫，保持各部件清洁。~~	四、调节器精调精整应注重几何尺寸与结构相结合，降低值修复与廓形打磨相结合。 五、调节器各部位间隙、润滑及扭矩应符合设计要求。 六、纵梁（联结钢梁）活动端伸缩范围内的轨枕及道床顶面应低于纵梁（联结钢梁）底面，防止纵梁（联结钢梁）伸缩受阻。 七、活动钢枕、梁端固定轨枕应保持方正，轨枕间距应保持均匀，轨枕偏斜量、间距偏差应符合设计要求。 八、定期观测并分析基本轨伸缩量、焊缝位置与气温关系，如发现伸缩故障应及时消除。	端伸缩范围内的轨枕及道床顶面应低于纵梁（联结钢梁）底面，防止纵梁（联结钢梁）伸缩受阻。（5）活动钢枕、梁端固定轨枕应保持方正，轨枕间距应保持均匀，轨枕偏斜量、间距偏差应符合设计要求。
	第 5.6.6 条　调节器涂油作业。 一、调节器各部螺栓、伸缩装置剪刀叉（剪刀装置）销轴螺栓应定期涂油。预埋套管中缺油或无油时，应在预埋套管中注入或在垫板螺栓螺纹部分涂专用防护油脂。 二、各滑动部位应定期清除杂物并涂油，涂油每 3 个月不少于 1 遍。 1. 所有基本轨轨撑（含双联轨撑）与基本轨轨腰、轨底接触表面。 2. 可滑动扣铁（扣板）与纵梁（联结钢梁）侧面及上部滑动面、可滑动垫板与纵梁底面。	细化了调节器涂油作业内容。强调了调节器各部螺栓、伸缩装置剪刀叉（剪刀装置）销轴螺栓应定期涂油，各滑动部位应定期清除杂物并涂油，不得对尖轨轨撑贴合面和台板顶面进行涂油和污染，不得涂到尖轨与基本轨轨头顶面，不得污染弹性橡胶垫板。

原条文	修改后条文	变动情况、理由
	3. 尖轨与基本轨轨头密贴形成的V形沟槽。 三、不得对尖轨轨撑贴合面和台板顶面进行涂油和污染,不得涂到尖轨与基本轨轨头顶面,不得污染弹性橡胶垫板。	
	第5.7.1条 轨道精调计划应根据设备状态和动静态检查数据分析确定。原则上以下地段应安排轨道精调: 一、轨道质量指数(TQI)超过Ⅱ级管理值。 二、基础变形明显,轨道几何尺寸接近或达到Ⅱ级偏差管理值的地段。 三、成段更换钢轨、扣件、道床板等地段。 四、冻害等其他需要进行精调的地段。	本节为新增。 规定了安排轨道精调的时机,轨道精调前准备工作,轨道精调应遵循“绝对控制与相对平顺相结合、调整量最优”的原则,以及轨道精调作业方法。
	第5.7.2条 轨道精调前应做好以下准备工作: 一、应使用轨道测量仪进行轨道精测,必要时应先进行CPⅢ复测,更新CPⅢ数据,再进行轨道精测。 二、测量前轨道应具备以下条件: 1. 钢轨无污染、低塌、硬弯等缺陷。 2. 扣件安装正确,弹条与轨距挡板密贴,扣件扭矩符合设计要求。 3. 轨下垫板安装正确,无缺少、无空吊。	

<table>
<tr><th>原条文</th><th>修改后条文</th><th>变动情况、理由</th></tr>
<tr><td></td><td>4. 钢轨焊接接头平直度符合标准要求。
三、按照“绝对控制与相对平顺相结合、调整量最优”的原则，分析测量数据，制定轨道精调方案。
四、调查轨道精调地段调高垫板厚度、轨距挡板及绝缘轨距块规格，并准备调整件。
五、制定轨道精调作业组织方案。
六、有砟轨道线路补充、均匀道砟。</td><td rowspan="2"></td></tr>
<tr><td></td><td>第 5.7.3 条　轨道精调作业。
一、无砟轨道精调。
1. 精调时先确定基准轨，将基准轨轨向、高低调整到位后，再依据基准轨通过轨距、水平调整另一股钢轨。
2. 精调作业完成后，应复核几何尺寸、扣件扭矩，记录调整区段的调高垫板、轨距挡板、绝缘轨距块规格，建立台账。
二、有砟轨道精调。
采用大型养路机械进行有砟轨道精调按本章第八节执行。</td></tr>
<tr><td></td><td>第 5.8.1 条　大型养路机械应按规定做好检修、保养和标定，确保大机使用状态良好。捣固车连续作业达到 30 天或单车累积作业里程</td><td>根据《关于加强高铁有砟轨道大机捣固维修质量管理的通知》(工电机械</td></tr>
</table>

原条文	修改后条文	变动情况、理由
	达到 50 km 时应进行检查标定,转场后的首次作业前应进行检查标定。检查标定要求如下: 一、检查标定捣固下插深度零点和最大值的对应线性度符合标准。 二、检查标定电子摆、抄平传感器、拨道传感器零点和最大值的对应线性度符合标准,零点误差不大于 1.0 mm。更换电子摆、抄平传感器、拨道传感器时,应重新标定其零点误差,并检查其线性度符合标准。 三、标定抄平精度:选择在没有坡度和竖曲线的直线上进行调试;调整抄平传感器机械零点,确保起道表数值在 ±3 mm 范围时,起道方表表针能调整到零位;且左右两股机械零点相差不大于 2 mm。同组同型号捣固车须在同一点进行调试,同组捣固车抄平传感器机械零点相差不大于 3 mm。 四、标定拨道精度:选择在没有坡度和竖曲线的直线上进行调试,拨道零点误差不应大于 2 mm,左右股拨道零点相差不应大于 1 mm。同组同型号捣固车须在同一点进行调试,左右加载拨道零点误差应重合。 五、检查伺服阀零点是否漂移,确认各液压系统压力值是否正常。	电〔2021〕136 号)增加了大型养路机械检查标定、大机作业前要求,体现了精测精捣理念。

原条文	修改后条文	变动情况、理由
第5.6.3条　使用大型养路机械进行线路维修前，应利用精测网对作业地段的线路平面、纵断面进行全面测设和优化，计算确定作业量，制定合理的作业方案，并向施工单位提供有关线路技术资料；应做好补充道砟、撤除调高垫板、~~更换伤损胶垫和配件等工作。~~（★）	**第5.8.2条**　使用大型养路机械进行线路维修，应利用精测网对作业地段的线路平面、纵断面进行全面测设和优化，计算确定作业量，制定合理的作业方案，并向施工作业单位提供有关线路技术资料。	
	第5.8.3条　大机作业前应做好补充道砟、撤除调高垫板、更换伤损扣件部件、调整轨距、紧固扣件等工作；全面复核平面曲线、竖曲线资料，现场标注平面曲线ZH、HY、YH、HZ点及竖曲线起终点、变坡点位置和缓和曲线超高值。	
	第5.8.4条　线路测量时，曲线地段以上股为基准轨，直线地段以行车方向左股为基准轨。大机作业时，曲线地段应以上股为基准轨，直线地段以行车方向左股为基准轨，但一个天窗内连续作业地段既有曲线又有直线时，应以确保曲线地段以上股为基准轨为前提，尽量不变更基准轨。	
	第5.8.5条　大机捣固应合理设置作业参数，将平纵断面资料和作业数据导入捣固车TGCS(ALC)系统，实行数字化捣固。	

原条文	修改后条文	变动情况、理由
第 5.6.4 条 采用大型养路机械作业时,应根据测量结果和有关线路技术资料,~~组织捣固车、动力稳定车、配砟整形车联合施工,应使用激光准直系统进行起拨道。~~(★)	**第 5.8.6 条** 采用大型养路机械作业时,应根据测量结果和有关线路技术资料,进行捣固、稳定联合作业。	
	第 5.8.7 条 采用大型养路机械作业,有关部门应密切协作,做好大机作业前电缆、吸上线、5T 设备等拆除或捆绑工作,确保大型养路机械无障碍连续作业。	
第 5.6.5 条 捣固车一次起道量不宜超过 ~~50 mm~~,起道量超过 ~~50 mm~~ 时应分~~两~~次起道捣固;一次拨道量不宜超过 ~~80 mm~~。每次作业应进行道床动力稳定。(★)	**第 5.8.8 条** 捣固车一次起道量不应超过 40 mm,起道量超过 40 mm 时应分次起道捣固;一次拨道量不宜超过 30 mm。每次作业应进行道床动力稳定。一次起道或拨道量超出 30 mm,或两股钢轨起道量相差超过 7 mm 时,应事先通知供电部门调查确认接触网设备调整工作量并配合作业。特殊情况下需调整线路的轨面标准线时,由工务、供电部门共同确认,并经铁路局集团公司批准。	依据《国铁集团铁路营业线施工管理办法》(铁调〔2021〕160 号)和电气化铁路线路作业有关规定修改了大机作业一次起道量和一次拨道量限值要求,体现了高速铁路比普速铁路作业量小、要求高的特点。
第 5.6.6 条 大型养路机械无缝线路地段的作业轨温条件。 一、一次起道量小于 30 mm、一次拨道量小于 10 mm 时,作业轨温不得超过实际锁定轨温 ±20 ℃。	**第 5.8.9 条** 大型养路机械无缝线路地段的作业轨温条件: 一、一次起道量小于 30 mm、一次拨道量小于 10 mm 时,作业轨温不得超过实际锁定轨温 ±20 ℃。	

<table>
<tr><th>原条文</th><th>修改后条文</th><th>变动情况、理由</th></tr>
<tr>
<td>二、一次起道量在 ~~31～50 mm~~、一次拨道量在 ~~11～20 mm~~ 时，作业轨温不得超过实际锁定轨温 -20 ℃ ～ +15 ℃。

~~高温季节作业时，作业中机组人员应监视作业前后线路状况，发现胀轨迹象应立即停止作业。~~（★）</td>
<td>二、一次起道量在 30～40 mm、一次拨道量在 10～20 mm 时，作业轨温不得超过实际锁定轨温 -20 ℃ ～ +15 ℃。

三、一次拨道量在 20（不含）～30 mm 时，作业轨温不得超过实际锁定轨温 ±10 ℃。</td>
<td></td>
</tr>
<tr>
<td>第 5.7.5 条　无缝线路作业必须遵守下列作业轨温条件：

一、作业轨温条件见表 5.7.5—1 和表 5.7.5—2；

二、当轨温在实际锁定轨温减 30 ℃ 以下时，~~伸缩区禁止作业；~~

三、无缝道岔尖轨及其前方 25 m 范围内，作业轨温范围应为实际锁定轨温 ±10 ℃。

四、线路上的钢轨硬弯，应在轨温较高季节矫直，矫直时轨温应高于 25 ℃。

表 5.7.5—1　无缝线路作业轨温条件
<table>
<tr><th rowspan="2">线路平面</th><th colspan="3">作业轨温范围（按实际锁定轨温计算）</th></tr>
<tr><th>连续扒开道床不超过 25 m，起道高度不超过 30 mm，拨道量不超过 10 mm</th><th>连续扒开道床不超过 50 m，起道高度不超过 40 mm，拨道量不超过 20 mm</th><th>~~扒道床、起道、拨道与普通线路相同~~</th></tr>
<tr><td>直线及 $R \geqslant$ 2 000 m 曲线</td><td>~~+20 ℃
实际锁定轨温以下不限制~~</td><td>+15 ℃
-20 ℃</td><td>±10 ℃</td></tr>
<tr><td>$800\ \mathrm{m} \leqslant R < 2\,000\ \mathrm{m}$ 曲线</td><td>+15℃
-20℃</td><td>+10℃
-15℃</td><td>±5℃</td></tr>
</table>
</td>
<td>第 5.9.4 条　无缝线路作业应符合表 5.9.4—1 ～ 表 5.9.4—3 的作业轨温条件。此外，钢轨矫直、无缝线路伸缩区和无缝道岔作业，应符合以下作业轨温条件：

一、线路上的钢轨硬弯，应在轨温较高季节矫直，矫直时轨温应高于 25 ℃。

二、当轨温达到实际锁定轨温 -30 ℃ 或以下时，伸缩区不应进行扰动道床或松动扣件方面的作业。

三、无缝道岔尖轨及其前方 25 m 范围内进行影响线路稳定的作业时，作业轨温范围应为实际锁定轨温 ±10 ℃。</td>
<td>1. 为便于现场无缝线路作业，提高可操作性，依据《国铁集团铁路营业线施工管理办法》（铁调〔2021〕160 号）和电气化铁路线路作业有关规定，对无缝线路作业轨温条件中“与普通线路相同”的内容进行细化和明确。

2. 将有砟轨道改道项目不同作业轨温条件下连续松开扣件个数修改为与无砟轨道相同。

3. 对方正轨枕、更换轨枕、更换钢轨等作业要求进行了修改，并将原来的“更</td>
</tr>
</table>

原条文	修改后条文	变动情况、理由

原条文

表 5.7.5—2 无缝线路作业轨温条件

序号	作业项目	按实际锁定轨温计算				
		~~-20 ℃以下~~	~~-20 ℃~-10 ℃~~	±10 ℃以内	+10 ℃~+20 ℃	+20 ℃以上
1	改道	~~与普通线路同~~	~~与普通线路同~~	~~与普通线路同~~	~~与普通线路同~~	禁止
2	更换扣件或涂油	~~隔二松一，流水作业~~				禁止
3	方正轨枕	~~当日连续方动不超过2根~~	~~隔二方一，方后捣固，恢复道床逐根进行（配合起道除外）~~	~~与普通线路同~~	隔二方一，方后捣固，恢复道床逐根进行~~（配合起道除外）~~	禁止
4	更换轨枕	~~当日不连续更换~~	~~当日连续更换不超过2根（配合起道除外）~~	~~与普通线路同~~	~~当日连续更换不超过2根（配合起道除外）~~	禁止
5	更换钢轨	~~禁止~~	~~禁止~~	~~与普通线路同~~	~~禁止~~	禁止
6	~~更换道岔联结件~~	~~禁止~~	~~禁止~~	~~与普通线路同~~	禁止	禁止
7	不破底清筛道床	逐孔倒筛夯实				禁止
8	处理翻浆冒泥~~（不超过5孔）~~	~~与普通线路同~~			禁止	禁止

（★）

修改后条文

表 5.9.4—1 无缝线路作业轨温条件（有砟轨道）

线路平面	作业轨温范围（按实际锁定轨温计算）		
	连续扒开道床不超过 25 m，起道高度不超过 30 mm，拨道量不超过 10 mm	连续扒开道床不超过 50 m，起道高度不超过 40 mm，拨道量不超过 20 mm	连续扒开道床不超过 50 m，起道高度不超过 40 mm，拨道量不超过 30 mm
直线及 $R\geqslant$ 2 000 m 曲线	+20 ℃及以下	+15 ℃ -20 ℃	±10 ℃
800 m $\leqslant R<$ 2 000 m 曲线	+15 ℃ -20 ℃	+10 ℃ -15 ℃	±5 ℃

表 5.9.4—2 无缝线路作业轨温条件（有砟轨道）

序号	作业项目		作业轨温范围（按实际锁定轨温计算）			
			-10 ℃及以下	-10 ℃~+10 ℃	+10 ℃（含）~+20 ℃	+20 ℃及以上
1	改道	直线及 $R\geqslant$ 2 000 m 曲线	连续松开扣件不超过 15 个	-10 ℃~0 ℃，连续松开扣件不超过 40 个；0 ℃（含）~+10 ℃，连续松开扣件不超过 20 个	连续松开扣件不超过 9 个	禁止
		$R<$ 2 000 m 曲线	连续松开扣件不超过 9 个	-10 ℃~0 ℃，连续松开扣件不超过 40 个；0 ℃（含）~+10 ℃，连续松开扣件不超过 15 个		
2	更换扣件或涂油		隔二松一，流水作业			禁止
3	方正轨枕		隔二方一，方后捣固，恢复道床，逐根进行			禁止
4	更换轨枕		不连续更换			禁止

变动情况、理由

换钢轨”修改为“非成段更换钢轨（长度 100 m 及以下）”，将原来的“更换道岔联结件”修改为“更换道岔限位器、间隔铁、长短心轨联结件”，更便于现场执行。

4. 将原来的“当轨温在实际锁定轨温减 30 ℃以下时，伸缩区禁止作业”修改为“当轨温达到实际锁定轨温 -30 ℃或以下时，伸缩区不应进行扰动道床或松动扣件方面的作业”，将原来的“无缝道岔尖轨及其前方 25 m 范围内，作业轨温范围应为实际锁定轨温 ±10 ℃”修改为“无缝道岔尖轨及其前方 25 m 范围内进行影响线路稳定的作业时，作业轨温范围应为实际锁定轨温 ±10 ℃”，使作业内容和范围更加符合实际。

原条文	修改后条文	变动情况、理由

原条文

第 5.6.3 条　无缝线路作业必须遵守下列作业轨温条件：

一、作业轨温条件见表 5.6.3。

表 5.6.3　无缝线路作业轨温条件

作业项目	线路平面条件	~~最多~~连续松开扣件个数(按实际锁定轨温计算)				
		-10℃及以下	-10℃～0℃	0℃～+10℃	+10℃～+20℃	+20℃以上
改道、垫板作业	$R<2000$	9	40	15	9	禁止
	$R\geqslant 2000$ 或直线	15	40	20	9	禁止
更换扣件或涂油	—	隔一松一、流水作业				禁止

二、线路上的钢轨硬弯，应在轨温较高季节矫直，矫直时轨温应高于 25 ℃。

三、无缝道岔尖轨及其前方 25 m 范围的作业轨温应在实际锁定轨温 ±10 ℃范围。

修改后条文

续上表

序号	作业项目	作业轨温范围(按实际锁定轨温计算)			
		-10 ℃及以下	-10 ℃～+10 ℃	+10 ℃(含)～+20 ℃	+20 ℃及以上
5	非成段更换钢轨(长度 100 m 及以下)	作业后锁定轨温应在设计范围内，否则适时进行应力放散或应力调整			禁止
6	更换道岔限位器、间隔铁、长短心轨联结件	禁止	允许	禁止	禁止
7	不破底清筛道床	逐孔倒筛夯实			禁止
8	不破底处理翻浆冒泥	不超过 5 孔，逐孔夯实		禁止	禁止

表 5.9.4—3　无缝线路作业轨温条件(无砟轨道)

作业项目	线路平面条件	连续松开扣件个数(按实际锁定轨温计算)				
		-10 ℃及以下	-10 ℃～0 ℃	0 ℃(含)～+10 ℃	+10 ℃(含)～+20 ℃	+20 ℃及以上
改道、垫板作业	直线及 $R\geqslant$ 2 000 m 曲线	15	40	20	9	禁止
	$R<2\ 000$ m 曲线	9	40	15	9	禁止
更换扣件或涂油	—	隔一松一、流水作业				禁止

变动情况、理由

原条文	修改后条文	变动情况、理由
	第 5.9.7 条 无缝道岔应力放散作业要求。 一、应力放散作业前，应制定专项技术方案、施工方案及应急预案，并经铁路局集团公司审查。 二、无缝道岔应在设计锁定轨温范围内锯切钢轨自然放散应力，放散时采用滚筒或摩擦副配合撞轨。 三、辙叉不应进行应力放散。放散时应将尖轨跟端限位器或间隔铁、辙叉作为控制点。 四、应力放散时，应在尖轨尖端、尖轨跟端限位器或间隔铁、辙叉跟端等处设置临时位移观测点观测钢轨位移。 五、应力放散后，应按实际锁定轨温及时修改有关技术资料和位移观测标记。	根据《无缝道岔应力放散和应力调整指导意见》（工电线路函〔2021〕71 号），规定了无缝道岔应力放散的主要作业要求。
第 5.7.9 条 应加强胶接绝缘接头的养护，做好轨端肥边打磨~~和捣固~~工作。	**第 5.9.9 条** 应加强胶接绝缘接头的维修，做好胶接绝缘接头前后扣件紧固和轨端肥边打磨工作，发现胶层及端板破损、扣件与夹板或螺栓可能接触时应及时处理。 胶接绝缘接头拉开时，应立即复紧两端各 50 m 线路的扣件，限速不超过 160 km/h，并及时进行永久处理。绝缘失效时，应立即进行临时处理并于当日天窗时间内进行永久处理。	增加了发现胶层及端板破损、扣件与夹板或螺栓可能接触，以及胶接绝缘接头拉开时的处理要求。

原条文	修改后条文	变动情况、理由
	第 5.11.1 条　线路维修应做到精确检测、全面分析、精准修理。	本节为新增。 强调了维修作业应实行"检查分析—方案制定—方案审批—作业实施—质量回检"闭环管理等要求，体现了高速铁路精检细修理念。
	第 5.11.2 条　应综合分析线路动静态检查和检测监测资料，以合理制定维修作业方案和计划。	
	第 5.11.3 条　线路维修作业应按其复杂程度和作业量大小，对作业方案进行分级审批。未经检查分析、作业方案制定和审批的，不得进行动道作业。	
	第 5.11.4 条　维修作业应实行"检查分析—方案制定—方案审批—作业实施—质量回检"闭环管理，规范作业流程。	
	第 5.11.5 条　线路维修应加强现场作业过程控制，作业负责人应确定作业范围和作业量，组织作业回检，确认作业质量达标，并做好现场清理、旧料回收及作业情况记录。	
	第 5.11.6 条　工务段、基础设施段应建立维修作业质量评价考核机制，对作业质量应跟踪考评。	

第六章

线路设备维修标准

<table>
<tr><th>原条文</th><th>修改后条文</th><th>变动情况、理由</th></tr>
<tr>
<td rowspan="2">第 6.1.1 条　采用大型养路机械进行线路和道岔(调节器)全面起拨道、捣固、稳定和钢轨预防性打磨作业的周期,原则上为通过总重 30～50 Mt,最长不宜超过 2 年。铁路局可按照线路累计通过总重并结合设备实际状况、线路条件、运输条件和自然条件等具体情况确定。打磨宜安排在大型养路机械捣固作业后进行。(★)</td>
<td>第 6.1.1 条　采用大型养路机械进行有砟轨道线路和道岔(调节器)捣固维修的周期,铁路局集团公司可按照线路累计通过总质量并结合设备实际状况、线路条件、运输条件、自然条件及单元评价结果等具体情况确定,最长不宜超过 3 年。</td>
<td rowspan="2">根据《高速铁路线路维修关键技术指标优化研究》课题研究成果和实践经验,修改了采用大型养路机械进行有砟轨道线路和道岔(调节器)捣固维修以及钢轨预防性打磨周期,提升了大型养路机械捣固维修及钢轨预防性打磨的科学性和经济性。</td>
</tr>
<tr>
<td>第 6.1.2 条　钢轨打磨列车预防性打磨原则上每 60 Mt 左右通过总质量进行一次,一般不宜超过 4 年;在相邻两次钢轨打磨列车预防性打磨之间宜安排钢轨快速打磨车进行快速打磨。道岔预防性打磨宜与正线线路钢轨同步。钢轨打磨列车打磨作业与大型养路机械捣固维修作业时间相近时,应先捣固后打磨。</td>
</tr>
<tr>
<td>第 6.1.1 条　线路静态几何尺寸容许偏差管理值见表 6.1.1—1 和表 6.1.1—2。

表 6.1.1—1　200～250 km/h 线路轨道静态几何尺寸容许偏差管理值
<table>
<tr><th>项目</th><th>作业验收</th><th>经常保养</th><th>临时补修</th><th>限速(160 km/h)</th></tr>
<tr><td>轨距(mm)</td><td>+1
-1</td><td>+4
-2</td><td>+6
-4</td><td>+8
-6</td></tr>
<tr><td>水平(mm)</td><td>2</td><td>5</td><td>8</td><td>10</td></tr>
</table>
</td>
<td>第 6.2.1 条　轨道静态几何不平顺容许偏差管理值见表 6.2.1—1、表 6.2.1—2。

表 6.2.1—1　200～250 km/h 线路轨道静态几何不平顺容许偏差管理值
<table>
<tr><th rowspan="2">项目</th><th colspan="2">作业验收</th><th rowspan="2">计划维修</th><th rowspan="2">临时补修</th><th rowspan="2">限速(不大于160 km/h)</th></tr>
<tr><th>有砟</th><th>无砟</th></tr>
<tr><td>轨距(mm)</td><td>+2
-2</td><td>+1
-1</td><td>+4
-2</td><td>+6
-4</td><td>+8
-6</td></tr>
</table>
</td>
<td>注②增加了:在延长 18 m 的距离范围内无超过表列的三角坑。</td>
</tr>
</table>

原条文	修改后条文	变动情况、理由

原条文

续上表

项目	作业验收	经常保养	临时补修	限速(160 km/h)
高低(mm)	2	5	8	11
轨向(直线)(mm)	2	4	7	9
扭曲(mm/3 m)	2	4	6	8
轨距变化率	1/1 500	1/1 000	—	—

注:①高低和轨向偏差为 10 m 及以下弦测量的最大矢度值;
②扭曲偏差不含曲线超高顺坡造成的扭曲量。

表 6.1.1—2 250(不含)~350 km/h 线路轨道静态几何尺寸容许偏差管理值

项目	作业验收	经常保养	临时补修	限速(200 km/h)
轨距(mm)	+1 -1	+4 -2	+5 -3	+6 -4
水平(mm)	2	4	6	7
高低(mm)	2	4	7	8
轨向(直线)(mm)	2	4	5	6
扭曲(mm/3 m)	2	3	5	6
轨距变化率	1/1 500	1/1 000	—	—

注:①高低和轨向偏差为 10 m 及以下弦测量的最大矢度值;
②扭曲偏差不含曲线超高顺坡造成的扭曲量。

修改后条文

续上表

项目	作业验收		计划维修	临时补修	限速(不大于 160 km/h)
	有砟	无砟			
水平(mm)	3	2	5	8	10
高低(mm)	3	2	5	8	11
轨向(直线)(mm)	3	2	4	7	9
三角坑(mm/3 m)	3	2	4	6	8
轨距变化率	1/1 500		1/1 000	—	—

注:①高低偏差和轨向偏差为 10 m 弦测量的最大矢度值。
②三角坑偏差不含曲线超高顺坡造成的扭曲量,在延长 18 m 的距离范围内无超过表列的三角坑。

表 6.2.1—2 250(不含)~350 km/h 线路轨道静态几何不平顺容许偏差管理值

项　　目	作业验收		计划维修	临时补修	限速(不大于 200 km/h)
	有砟	无砟			
轨距(mm)	+2 -2	+1 -1	+4 -2	+5 -3	+6 -4
水平(mm)	2		4	6	7
高低(mm)	2		4	7	8
轨向(直线)(mm)	2		4	5	6
三角坑(mm/3 m)	2		3	5	6
轨距变化率	1/1 500		1/1 000	—	—

注:①高低偏差和轨向偏差为 10 m 弦测量的最大矢度值。
②三角坑偏差不含曲线超高顺坡造成的扭曲量,在延长 18 m 的距离范围内无超过表列的三角坑。

变动情况、理由

原条文	修改后条文	变动情况、理由
见下文	见下文	见下文

原条文

第 6.1.2 条　道岔静态几何尺寸容许偏差管理值见表 6.1.2—1 和表 6.1.2—2。调节器静态几何尺寸容许偏差管理值见表 6.1.2—3 和表 6.1.2—4。

表 6.1.2—1　200 ~ 250 km/h 道岔静态几何尺寸容许偏差管理值

项目		作业验收	经常保养	临时补修	限速（160 km/h）
轨距（mm）		+1 -1	+4 -2	+5 -2	+8 -6
水平（mm）		2	5	7	10
高低（mm）		2	5	7	11
轨向（mm）	直股	2	4	6	9
	支距	2	3	4	—
~~扭曲~~（mm/3 m）		2	4	6	8
轨距变化率		1/1 500	1/1 000	—	—

注：①支距偏差为实际支距与计算支距之差，~~导曲线支距测量应从尖轨跟端开始直至道岔导曲线结束；~~

②导曲线下股高于上股的限值：~~12 号道岔作业验收为 2 mm，经常保养为 3 mm，临时补修为 5 mm；18 号及以上道岔~~作业验收为 0 mm，~~经常保养~~为 2 mm，临时补修为 3 mm。

表 6.1.2—2　250（不含）~ 350 km/h 道岔静态几何尺寸容许偏差管理值

项目		作业验收	经常保养	临时补修	限速（200 km/h）
轨距（mm）	岔区	+1 -1	+4 -2	+5 -2	+6 -4
	尖轨尖	+1 -1	+2 -2	+3 -2	

修改后条文

第 6.2.2 条　道岔静态几何不平顺容许偏差管理值见表 6.2.2—1、表 6.2.2—2。调节器静态几何不平顺容许偏差管理值见表 6.2.2—3、表 6.2.2—4。

表 6.2.2—1　200 ~ 250 km/h 道岔静态几何不平顺容许偏差管理值

项目		作业验收 有砟	作业验收 无砟	计划维修	临时补修	限速（不大于 160 km/h）
轨距（mm）	岔区	+2 -2	+1 -1	+4 -2	+5 -2	+8 -6
	尖轨尖	+1 -1		+2 -2	+3 -2	
水平（mm）		3	2	5	7	10
高低（mm）		3	2	5	7	11
轨向（mm）	直股	3	2	4	6	9
	支距	2	2	3	4	—
三角坑（mm/3 m）		3	2	4	6	8
轨距变化率		1/1 500		1/1 000	—	—

注：①轨距偏差不含构造轨距加宽值。

②高低偏差和轨向偏差为 10 m 弦测量的最大矢度值。

③支距偏差为实际支距与计算支距之差。

④导曲线下股高于上股的限值：作业验收为 0，计划维修为 2 mm，临时补修为 3 mm。

⑤三角坑偏差不含曲线超高顺坡造成的扭曲量，在延长 18 m 的距离范围内无超过表列的三角坑。

变动情况、理由

200 ~ 250 km/h 道岔：增加了尖轨尖轨距容许偏差管理值[与 250（不含）~ 350 km/h 道岔一致]；导曲线下股高于上股的限值统一为“作业验收为 0，计划维修为 2 mm，临时补修为 3 mm”，要求更严格。

原条文	修改后条文	变动情况、理由

原条文

续上表

项目		作业验收	~~经常保养~~	临时补修	限速（200 km/h）
水平(mm)		2	4	6	7
高低(mm)		2	4	7	8
轨向(mm)	直股	2	4	5	6
	支距	2	3	4	—
扭曲(mm/3 m)		2	3	5	6
轨距变化率		1/1 500	1/1 000	—	—

注：①支距偏差为实际支距与计算支距之差；
②导曲线下股高于上股的限值：~~18号及以上道岔~~作业验收为0 mm，~~经常保养~~为2 mm，临时补修为3 mm。

表6.1.2—3 200～250 km/h调节器静态几何~~尺寸~~容许偏差管理值

项目		作业验收	~~经常保养~~	临时补修	限速（160 km/h）
轨距(mm)	尖轨尖	+1 -1	+2 -2	+3 -2	+8 -6
	其他	+1 -1	+4 -2	+5 -2	
水平(mm)		2	5	7	10
高低(mm)		2	5	7	11
轨向(mm)		2	4	6	9
~~扭曲~~(mm/3 m)		2	4	6	8
轨距变化率		1/1 500	1/1 000	—	—

修改后条文

表6.2.2—2 250(不含)～350 km/h道岔静态几何不平顺容许偏差管理值

项目		作业验收	计划维修	临时补修	限速（不大于200 km/h）
轨距(mm)	岔区	+1 -1	+4 -2	+5 -2	+6 -4
	尖轨尖	+1 -1	+2 -2	+3 -2	
水平(mm)		2	4	6	7
高低(mm)		2	4	7	8
轨向(mm)	直股	2	4	5	6
	支距	2	3	4	—
三角坑(mm/3 m)		2	3	5	6
轨距变化率		1/1 500	1/1 000	—	—

注：①轨距偏差不含构造轨距加宽值。
②高低偏差和轨向偏差为10 m弦测量的最大矢度值。
③支距偏差为实际支距与计算支距之差。
④导曲线下股高于上股的限值：作业验收为0，计划维修为2 mm，临时补修为3 mm。
⑤三角坑偏差不含曲线超高顺坡造成的扭曲量，在延长18 m的距离范围内无超过表列的三角坑。

表6.2.2—3 200～250 km/h调节器静态几何不平顺容许偏差管理值

项目		作业验收		计划维修	临时补修	限速（不大于160 km/h）
		无砟	有砟			
轨距(mm)	尖轨尖	+1 -1		+2 -2	+3 -2	+8 -6
	其他	+1 -1		+4 -2	+5 -2	

变动情况、理由

原条文	修改后条文	变动情况、理由

原条文

表 6.1.2—4　250(不含)~350 km/h 调节器静态几何尺寸容许偏差管理值

项目		作业验收	经常保养	临时补修	限速(200 km/h)
轨距(mm)	尖轨尖	+1 -1	+2 -2	+3 -2	+6 -4
	其他	+1 -1	+4 -2	+5 -2	
水平(mm)		2	4	6	7
高低(mm)		2	4	7	8
轨向(mm)		2	4	5	6
扭曲(mm/3 m)		2	3	5	6
轨距变化率		1/1 500	1/1 000	—	—

修改后条文

续上表

项目	作业验收		计划维修	临时补修	限速(不大于160 km/h)
	无砟	有砟			
水平(mm)	2		5	7	10
高低(mm)	2		5	7	11
轨向(mm)	2		4	6	9
三角坑(mm/3 m)	2	3	4	6	8
轨距变化率	1/1 500		1/1 000	—	—

注:①轨距偏差不含构造轨距加宽值。
②高低偏差和轨向偏差为 10 m 弦测量的最大矢度值。
③三角坑偏差不含曲线超高顺坡造成的扭曲量,在延长 18 m 的距离范围内无超过表列的三角坑。

表 6.2.2—4　250(不含)~350 km/h 调节器静态几何不平顺容许偏差管理值

项目		作业验收	计划维修	临时补修	限速(不大于200 km/h)
轨距(mm)	尖轨尖	+1 -1	+2 -2	+3 -2	+6 -4
	其他	+1 -1	+4 -2	+5 -2	
水平(mm)		2	4	6	7
高低(mm)		2	4	7	8
轨向(mm)		2	4	5	6
三角坑(mm/3 m)		2	3	5	6
轨距变化率		1/1 500	1/1 000	—	—

注:①轨距偏差不含构造轨距加宽值。
②高低偏差和轨向偏差为 10 m 弦测量的最大矢度值。
③三角坑偏差不含曲线超高顺坡造成的扭曲量,在延长 18 m 的距离范围内无超过表列的三角坑。

原条文

第 6.1.3 条 轨道静态几何~~尺寸~~长弦测量作业验收容许偏差管理值见表 6.1.3。

表 6.1.3 长弦测量作业验收容许偏差管理值

项目	~~基线长(m)~~	~~测点间距(m)~~	~~容许偏差(mm)~~
高低	~~480 *a*~~	~~240 *a*~~	≤10
	~~48 *a*~~	~~8 *a*~~	≤2
轨向	~~480 *a*~~	~~240 *a*~~	≤10
	~~48 *a*~~	~~8 *a*~~	≤2

~~注:①表中 *a* 为扣件节点间距,单位为 m;~~

~~②当弦长为 48 *a* 时,相距 8 *a* 的任意两测点实际矢度差与设计矢度差的偏差不得大于 2 mm;当弦长为 480 *a* 时,相距 240 *a* 的任意两测点实际矢度差与设计矢度差的偏差不得大于 10 mm;~~

~~③容许偏差指相距测点间距的任意两测点实际矢度差与设计矢度差的偏差。~~

第 6.2.3 条 轨道静态几何~~尺寸~~长弦测量作业验收容许偏差管理值见表 6.2.3。

表 6.2.3 长弦测量作业验收容许偏差管理值

项目	基线长(m)	~~测点间距(m)~~	~~容许偏差(mm)~~
高低	300	~~150~~	≤10
	30	5	≤2
方向	300	~~150~~	≤10
	30	5	≤2

注:当弦长为 30 m 时,相距 5 m 的任意两测点实际矢度差与设计矢度差的偏差不得大于 2 mm;当弦长为 300 m 时,相距 150 m 的任意两测点实际矢度差与设计矢度差的偏差不得大于 10 mm。

(★)

修改后条文

第 6.2.3 条 轨道静态几何不平顺长弦测量作业验收容许偏差管理值见表 6.2.3。

表 6.2.3 轨道静态几何不平顺长弦测量作业验收容许偏差管理值

项目	基线长(m)	容许偏差(mm)	
		v = 200 km/h	200 km/h < v ≤ 350 km/h
高低	300	10	10
	30	3	2
轨向	300	10	10
	30	3	2

注:表中容许偏差 2 mm(或 3 mm)指当基线长为 30 m 时,相距 5 m 任意两测点实际矢度差与设计矢度差的偏差;容许偏差 10 mm 指当基线长为 300 m 时,相距 150 m 任意两测点实际矢度差与设计矢度差的偏差。

变动情况、理由

根据《铁路轨道设计规范》,将 v = 200 km/h、基线长为 30 m 时,相距 5 m 的任意两测点实际矢度差与设计矢度差的偏差修改为不得大于 3 mm(原规定为小于或等于 2 mm)。删除基线长 480*a*、48*a*,因为 *a* 值不同造成轨道结构的基线长和测点间距不同。

原条文

第 6.2.4 条 均值管理。

~~200～250 km/h 和 250(不含)～350 km/h 线路~~轨道质量指数(TQI)~~和单项标准差~~管理值见表 6.2.4—1 和表 6.2.4—2。

表 6.2.4—1 200～250 km/h 线路轨道质量指数(TQI)管理值

项目		~~高低~~	~~轨向~~	~~轨距~~	~~水平~~	~~扭曲~~	~~TQI~~
波长~~范围~~	1.5～42 m	~~1.4×2~~	~~1.0×2~~	~~0.9~~	~~1.1~~	~~1.2~~	~~8.0~~

~~注：波长范围为 1.5～42 m 的单项标准差计算长度 200 m。~~

表 6.2.4—2 250(不含)～350 km/h 线路轨道质量指数(TQI)管理值

项目		~~高低~~	~~轨向~~	~~轨距~~	~~水平~~	~~扭曲~~	~~TQI~~
波长~~范围~~	1.5～42 m	~~0.8×2~~	~~0.7×2~~	~~0.6~~	~~0.7~~	~~0.7~~	~~5.0~~

~~注：波长范围为 1.5～42 m 的单项标准差计算长度 200 m。~~

修改后条文

第 6.3.4 条 均值管理。

轨道质量指数(TQI)是线路轨道几何状态单元均值评价指标，为单元内左高低(波长 1.5～42 m)、右高低(波长 1.5～42 m)、左轨向(波长 1.5～42 m)、右轨向(波长 1.5～42 m)、轨距、水平、三角坑单项标准差之和，TQI 单元长度为 200 m。

TQI 管理值见表 6.3.4。TQI 按Ⅰ级、Ⅱ级、Ⅲ级进行管理。

表 6.3.4 线路轨道质量指数(TQI)管理值

线路速度等级(km/h)	波长(m)	TQI(mm)		
		Ⅰ级	Ⅱ级	Ⅲ级
$200 \leqslant v \leqslant 250$	1.5～42	4	6	7
$250 < v \leqslant 350$	1.5～42	3	4	5

Ⅰ级管理值：为大型养路机械捣固维修、无砟轨道成段精调等作业的验收质量管理标准。

Ⅱ级管理值：为安排轨道维修计划的质量管理标准。

Ⅲ级管理值：为保持线路质量稳定均衡，超过时应及时进行维修的质量管理标准。

变动情况、理由

线路质量均值管理：TQI 修改为按Ⅰ级、Ⅱ级、Ⅲ级进行管理。根据铁路基础设施检测中心统计分析研究，将线路速度等级为 200 km/h $\leqslant v_{max} \leqslant$ 250 km/h 的 TQI 限值由原来的 8 mm 修改为 7 mm。修改符合实际情况，合理、可行。

<table>
<tr><th>原条文</th><th>修改后条文</th><th>变动情况、理由</th></tr>
<tr>
<td></td>
<td>第 6.3.5 条　对轨道出现以下连续三波、多波及长波轨道不平顺情况应尽快处理：
一、允许速度为 250 km/h < v ≤ 350 km/h 的线路区段，高低或轨向幅值达到 4 mm 时，120 m 长波高低达到 7 mm 且车体垂向振动加速度达到 1.5 m/s^2 时，120 m 长波轨向达到 6 mm 且车体横向振动加速度达到 0.9 m/s^2 时。
二、允许速度为 200 km/h ≤ v ≤ 250 km/h 的线路区段，高低或轨向幅值达到 5 mm 时，70 m 长波高低达到 6 mm 且车体垂向振动加速度达到 1.5 m/s^2 时，70 m 长波轨向达到 6 mm 且车体横向振动加速度达到 0.9 m/s^2 时。</td>
<td>增加了轨道连续三波、多波及长波轨道不平顺判别标准和处理要求。</td>
</tr>
<tr>
<td>第 6.3.1 条　车辆动力学指标包括脱轨系数、轮重减载率、轮轴横向力，~~横向力和垂向力~~通过综合检测列车的~~测力轮对来~~测量。

第 6.3.2 条　车辆动力学指标管理值见表 6.3.2。

表 6.3.2　车辆动力学指标管理值
<table>
<tr><th>~~项目~~</th><th>脱轨系数 Q/P</th><th>轮重减载率 $\Delta P/\overline{P}$</th><th>轮轴横向力 H(kN)</th></tr>
<tr><td>~~管理值~~</td><td>≤0.8</td><td>≤0.8</td><td>≤~~10~~ + $P_0/3$</td></tr>
</table>
注：①Q 为轮轨横向力；P 为轮轨垂向力；$\overline{P}$ 为平均静轮重；ΔP 为轮轨垂向力相对平均静轮重的减载量；P_0 为静轴重。
②间断式测力轮对的轮重减载率按双峰值评定。</td>
<td>第 6.4.1 条　车辆动力学指标包括脱轨系数、轮重减载率、轮轴横向力，通过综合检测列车的轮轨力检测系统测量。车辆动力学指标管理值见表 6.4.1。

表 6.4.1　车辆动力学指标管理值
<table>
<tr><th rowspan="2">脱轨系数 Q/P</th><th colspan="2">轮重减载率 $\Delta P/\overline{P}$</th><th rowspan="2">轮轴横向力 H(kN)</th></tr>
<tr><th>v≤160 km/h</th><th>v>160 km/h</th></tr>
<tr><td>≤0.8</td><td>≤0.65</td><td>≤0.8</td><td>≤15 + $P_0/3$</td></tr>
</table>
注：①Q 为轮轨横向力；P 为轮轨垂向力；$\overline{P}$ 为平均静轮重；ΔP 为轮轨垂向力相对平均静轮重的减载量；P_0 为静轴重。
②间断式轮轨力检测系统的轮重减载率按双峰值评定。
③连续式轮轨力检测系统的分析频率为 0～40 Hz。</td>
<td>根据《机车车辆动力学性能评定及试验鉴定规范》(GB/T 5599—2019)修改了车辆动力学指标管理值。增加了 v ≤ 160 km/h 轮重减载率管理值，轮轴横向力由原来的“≤10 + $P_0/3$”修改为“≤15 + $P_0/3$”。</td>
</tr>
</table>

<table>
<tr><th>原条文</th><th>修改后条文</th><th>变动情况、理由</th></tr>
<tr><td></td><td>

第 6.4.2 条　对轨道短波不平顺评价采用轨道短波状态车辆动态响应指标。轨道短波状态车辆动态响应指标主要包括轨道冲击指数、钢轨波磨指数,上述指数通过综合检测列车的轴箱振动加速度检测系统进行测试,并通过等效转换获取。轨道短波状态车辆动态响应指标管理值见表 6.4.2。

表 6.4.2　轨道短波状态车辆动态响应指标管理值

<table>
<tr><td rowspan="2">项目</td><td colspan="2">轨道冲击指数</td><td rowspan="2">钢轨波磨指数</td></tr>
<tr><td>道岔区段</td><td>非道岔区段</td></tr>
<tr><td>管理值</td><td>10</td><td>8</td><td>9</td></tr>
</table>

</td><td>

本条为新增。

根据《铁路基础设施动态检测　轨道短波状态车辆动态响应检测及评价方法》(Q/CR 824—2021)和多年来的实际经验,增加了轨道短波状态车辆动态响应管理值。明确规定轨道短波状态车辆动态响应指标(轨道冲击指数、钢轨波磨指数)的管理值,以提高轨面平顺性的控制,体现了高速铁路线路短波不平顺管理的重要性。

</td></tr>
</table>

第七章

线路质量评定

原条文	修改后条文	变动情况、理由
第一节 线路设备状态评定(略) 第二节 线路设备保养质量评定(略)	**第7.0.1条** 线路设备状态评定,是对正线线路设备质量基本状况的检查评定,是考核线路设备管理工作和线路设备状态改善情况的基本指标,是安排线路维修计划的主要依据。工务段、基础设施段应根据线路设备变化规律、季节特点,结合日常检查,按"实时检、适时鉴"的原则,运用安全生产管理信息系统进行线路设备状态评定,生成统计报告,具体办法由铁路局集团公司规定。	根据高速铁路线路管理的特点和实际情况,删除了原规则规定的线路、道岔、调节器保养质量评定及相应的评定表。
	第7.0.2条 线路设备状态评定应以千米为单位(评定标准见表7.0.2—1、表7.0.2—2),满分为100分,100~85分为优秀,85(不含)~60分为良好,60分以下为一般。线路设备状态评定统计报告见附录十一。	

第八章

精密测量控制网

原条文	修改后条文	变动情况、理由
第一节　一般要求(略) 第二节　精测网构成及主要技术标准(略) 第三节　精测网维护和应用(略)	**第8.0.1条**　应建立统一的精测网,作为勘察设计、工程施工和运营维护统一的测量基准。	精密测量控制网管理按《运营高速铁路精密测量控制网管理办法》(TG/GW 276—2015)执行,本规则仅保留精密测量控制网管理的原则要求。
	第8.0.2条　精测网管理和技术要求应符合《高速铁路工程测量规范》(TB 10601)和《铁路工程测量规范》(TB 10101)等规定。	
	第8.0.3条　应加强精测网控制点日常检查和维护,为线路运营维修提供稳定可靠的控制基准。精测网应定期复测,复测周期不宜超过3年,具体复测周期由铁路局集团公司根据线路沉降、地质条件等情况确定。复测单位应具备相应的精密工程测量资质。	
	第8.0.4条　精测网日常检查和维护由工务段、基础设施段负责,并设专人管理,桩点缺失或桩位变化不能满足测量精度需要时,应结合复测进行补桩和测设。	
	第8.0.5条　应利用精测网做好轨道几何状态检测、基础沉降和构筑物变形监测等工作。	

第九章

维修工机具、常备材料与作业车辆停留线

原条文	修改后条文	变动情况、理由
第 9.0.6 条　车辆停留线设置原则：线路车间所在地设有效长 260 m 的停留线 1 条、120 m 的停留线 3 条，设双线车库、双线地沟，车库长度 54 m、宽度 15 m，地沟长度 49 m；线路工区所在地设有效长 260 m 的停留线 1 条、120 m 的停留线 2 条，设双线车库、单线地沟，车库长度 54 m、宽度 15 m，地沟长度 49 m；其他车站宜设置 260 m 的停留线 1 条、120 m 的停留线 1 条。为满足大修换轨需要，线路车间和工区所在地的车站到发线不能满足 500 m 运轨车 24 h 停留时，应至少预留 1 条有效长 650 m 停留线的铺设条件。	**第 9.0.5 条**　车辆停留线宜按以下原则设置： 一、线路车间所在地设有效长 320 m 的停留线 1 条、120 m 的停留线 3 条，设双线作业车库、双线检查坑，作业车库长度 75 m、宽度 15 m，检查坑长度 70 m。 二、线路工区所在地设有效长 320 m 的停留线 1 条、120 m 的停留线 2 条，设双线作业车库、单线检查坑，作业车库长度 75 m、宽度 15 m，检查坑长度 70 m。 三、其他车站设置 260 m 的停留线 1 条、120 m 的停留线 1 条。 四、为满足大修换轨需要，线路车间和线路工区所在地的车站到发线不能满足 500 m 运轨车 24 h 停留时，预留 1 条有效长不少于 800 m 停留线的铺设条件。	根据高速铁路作业车辆停留实际需要，修改了停留线长度： （1）为满足有砟轨道采用 K 车卸砟要求，将线路车间、工区所在地原来有效长为 260 m 的停留线修改为 320 m。采用 K 车卸砟一般采用 2 台机车（长度 2×25＝50 m）＋20 辆 K 车（长度 20×12.1＝242 m），共计 292 m，考虑两端一定安全距离，取有效长 320 m。 （2）为满足大修换轨需要，将原来的预留 1 条有效长 650 m 停留线的铺设条件修改为预留 1 条有效长 800 m 停留线的铺设条件。更换 500 m 长轨，一般需两端各 2 台机车（长度 4×25＝100 m）＋长轨车（606 m）＋1 台装有焊机的

原条文	修改后条文	变动情况、理由
		平板(14.3 m)+快速换轨车(31.46 m),总长751.76 m,考虑两端一定安全距离,取有效长800 m。 (3)作业车库长度由原来的54 m修改为现在的75 m,检查坑长度由原来的49 m修改为现在的70 m。工务轨道车编组一般为2台GCY-300Ⅱ型重型轨道车(长度2×16=32 m)+1.5换长路用平车2辆(长度2×1.5×11=33 m),总长65 m,两端预留5 m作为进入地沟阶梯,保障人员上下安全,建议检查坑长度70 m、车库长度75 m。

第十章

线路设备图表管理

原条文	修改后条文	变动情况、理由
	第 10.0.1 条　线路设备图表是工务线路设备技术管理的重要组成部分，应真实准确、完整有效。施工单位应将准确、完整的竣工资料（包括电子档案）及时移交给段，段应做好相关竣工资料的核对和整理。	本章为新增。 根据《工务线路设备图表管理办法（暂行）》（TG/GW 326—2014）增加了线路设备图表管理内容。规定了线路设备图表编制、审核、汇总与上报等要求。
	第 10.0.2 条　线路设备图表包括信息系统数据库及汇总表、综合图、车站配线图（含相关数据表格）、枢纽图、铁路局集团公司线路示意图等技术资料。	
	第 10.0.3 条　铁路局集团公司工务部、段、车间应有专职技术人员分级负责管内线路设备图表的管理工作。	
	第 10.0.4 条　线路设备图表编制。 一、段应根据复测资料，于 1 个月内修订线路设备图表，报铁路局集团公司工务部进行审核。 二、线路设备发生变化时，应及时修订设备图表。 三、新建、改（扩）建项目，由铁路局集团公司工务部组织有关段、建设、设计和施工单位在静态验收阶段根据竣工文件编制线路设备图表。	

原条文	修改后条文	变动情况、理由
	第10.0.5条 线路设备图表汇总与上报。 一、铁路局集团公司每季进行线路设备汇总(第四季进行年度汇总),于每年3月底前向国铁集团工电部上报线路设备图表电子资料,4月上旬前完成线路运营情况计算并上报线路运营情况数据。 二、铁路局集团公司工务部在新线、站改工程竣工开通前,向国铁集团工电部上报车站配线图、枢纽图、管界示意图等电子资料。	
	第10.0.6条 铁科院集团公司、铁路局集团公司应指定专人负责数据库维护、网络连接、网络传输等方面工作。	

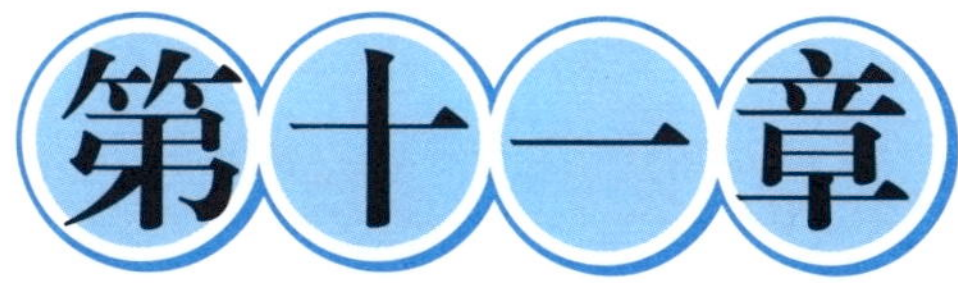

第十一章

附　　则

<table>
<tr><th>原条文</th><th>修改后条文</th><th>变动情况、理由</th></tr>
<tr><td></td><td>第 11.0.1 条　本规则由国铁集团工电部负责解释。</td><td rowspan="2">本章为新增。
根据《中国铁路运输技术规章管理办法》，增加了附则，明确解释部门、执行日期等内容。</td></tr>
<tr><td></td><td>第 11.0.2 条　本规则自 2023 年 10 月 1 日起施行。</td></tr>
</table>

原条文	修改后条文	变动情况、理由
附录一　无砟道床伤损检查记录(略)	附录一　无砟道床伤损检查记录(略)	增加了CRTSⅢ型板式无砟道床伤损检查记录。
附录五　无缝线路、道岔及调节器钢轨位移观测记录(略)	附录五　无缝线路、道岔及调节器钢轨位移观测记录(略)	修改了钢轨伸缩调节器钢轨位移观测记录表。
附录八　轨道几何尺寸调整作业方法(略)	附录八　轨道几何尺寸调整作业方法 六、WJ-7型扣件钢轨位置特殊调整方法(单股钢轨左右位置调整量 -15 ~ -7 mm、+7 ~ +15 mm,钢轨高低位置调整:调整量 -10 ~ -5 mm、+27 ~ +70 mm) 七、WJ-8型扣件钢轨位置特殊调整方法(单股钢轨左右位置调整量 -15 ~ -6 mm、+6 ~ +15 mm,钢轨高低位置调整:调整量 -10 ~ -5 mm、+27 ~ +60 mm) 八、W300-1型扣件特殊调整方法(钢轨高低位置特殊调整量为 +27 ~ + 56 mm)	根据现场扣件维修需求,增加了WJ-7型扣件、WJ-8型扣件、W300-1型扣件钢轨位置特殊调整方法。
附录九　无砟道床结构损坏修复作业(略)	附录九　无砟道床损坏更换/修复方法(略)	增加了CRTSⅠ型、Ⅲ型板式无砟轨道预应力轨道板钢棒断裂修复,CRTSⅡ型板式无砟道床水泥乳化沥青砂浆层更换,CRTSⅡ型板式无砟道床宽窄接缝修复,CRTSⅢ型板式无砟道床损坏更换/修复方法。

原条文	修改后条文	变动情况、理由
附录十　无砟道床混凝土裂缝修补方法（略）	附录十　无砟道床伤损维修方法（略）	增加了柔性填充法、CRTS Ⅲ型板式无砟轨道自密实混凝土离缝修补。
附录十九　无砟轨道线路维修工机具（略）	附录十二　无砟轨道线路维修工机具参考标准（略）	按照满足需要、高效利用、动态调整的原则，优化了无砟和有砟轨道线路维修工机具参考标准。 增加了基础设施段工务维修技术中心、综合车间、综合工区工机具配置参考标准。 为满足更换高速铁路18号道岔辙叉需要，段增配了25 t起重轨道车2台。 根据检测技术进步，为提高检测效率和质量，增加了有关新型检测设备配置。
附录十　有砟轨道线路维修工机具（略）（★）	附录十三　有砟轨道线路维修工机具参考标准（略）	

原条文	修改后条文	变动情况、理由
附录二十　无砟轨道线路常备材料(略)	附录十四　无砟轨道正线线路常备材料参考标准(略)	为满足道岔钢轨重伤(折断)紧急处理需要,增加了道岔钢轨重伤(折断)紧急加固装置配置,为道岔钢轨伤损及时处理提供保障。 无砟轨道:减少了绝缘轨距杆备用数量,由原来的"工区 50 套"修改为"车间 5 根"。 有砟轨道:增加了电气绝缘节枕、磁轨枕,工区配置各 4 根,减少了绝缘轨距杆备用数量,由原来的"工区 50 套"修改为"工区 5 根"。
附录十一　有砟轨道常备材料(略)(★)	附录十五　有砟轨道正线线路常备材料参考标准(略)